ALBERT LUMBROSO

Directeur de la "Revue Napoléonienne"

NAPOLÉON ÉTAIT-IL CROYANT?

*dove ragion di ritrarsi
in mare e no un incredul...*

(Orazione per la morte di
Napoleone Francia, 18..)

ROME

FRATELLI BOCCA	FRATELLI BOCCA
Librai di S. M. il Re	Librai di S. M. il Re
delle Finanze	Corso Umberto

ALBERT LUMBROSO

Directeur de la " Revue Napoléonienne "

NAPOLÉON ÉTAIT-IL CROYANT ?

. . . .
dovevi, o Consol, ritrarti
fra il mare e Dio cui tu credevi

(CARDUCCI, *Per la morte di
Napoleone Eugenio*, 1879).

ROME

LIBRAIRIE DE LA
" RIVISTA DI ROMA "
1, VIA DELLE FINANZE

FRATELLI BOCCA
LIBRAI DI S. M.
CORSO UMBERTO I

MDCCCCX

Pignerol, 190... — Imprimerie Sociale.

NAPOLÉON ÉTAIT-IL CROYANT?

« *Il croyait à Dieu; il était de la religion
de son père; il n'était pas philosophe; il n'était
pas athée...* il trouvait que tout proclamait
l'existence de l'Être suprême; il déclarait
que *les plus grands génies avaient cru à cette
existence*, et il voulait croire comme ses
pères. Enfin, chose monstrueuse! ce premier
homme des temps modernes, cet homme
de tous les siècles, était chrétien dans le
XIXe siècle ! » (Chateaubriand, *Mort de Napoléon*).

« A Sainte-Hélène.., il lisait souvent l'É-
criture sainte, dont la grandeur frappait
son génie » (Thiers, Livre LXII, année 1818).

« Quelle immense et magnifique satiété
des hommes et des choses en cet être inex-
plicable qui ne connaissait pas Dieu et qui
mourut, dit-on, sans le connaître !... L'histoire de Napoléon c'est la Face de Dieu dans
les ténèbres....» (Léon Bloy, *Quatre ans de
captivité* etc., 1905, p. 346).

« Il est mort de façon virile et digne;
pas de plainte, pas de murmure, pas d'in-
vective, pas de lamentation ni de remords.
On lui donna l'extrême-onction avant sa
mort....» (Le colonel anglais Gorrequer,
Sainte-Hélène, 6 mai 1821).

« Avez-vous de la religion? Je ne tiens
pas à ce qu'on en ait, mais ça m'embête
qu'on n'en ait pas » (Lavedan, de l'Ac. fr.,
Le nouveau Jeu).

*E l'aquila volò con le su' penne
La roba se n'andò d'in do' ne venne....*
(Dicton populaire toscan).

M. Eckard s'est demandé, il y a beaucoup d'années: *Napoléon était-il français?* (1).

M. Masson, lui, *trois ans après M. Aulard*, vient de se demander: *Napoléon était-il croyant?* — bien entendu « croyant » dans le sens *catholique* du mot — et a cru pouvoir répondre: oui.

Il nous semble qu'on pourrait aisément démontrer le contraire, et, comme écrit Lord Rosebery « cette étude, alors même qu'elle n'aboutit à aucun grand résultat, garde un invincible attrait; le caractère de Napoléon continuera à tenter les alchimistes de la psychologie: il est si multiple et si lumineux, qu'il émet de la clarté par mille facettes ».

(1) Cfr. *Question d'état civil et historique. Napoléon Buonaparte est-il né Français?* M. Eckart y soutient une erreur: que Napoléon n'est. pas né le 15 août 1769 mais le 5 février 1768, et que par conséquent Napoléon est italien et non français. Question saugrenue. C'est comme si on disait que Garibaldi est une gloire française et non italienne parce qu'il est né en 1807, dans l'Empire Français. Giuseppe Verdi de même!

Napoléon était *déiste*, il croyait à l'existence de Dieu: tous ses mots, tous les mémoires de ses contemporains nous le prouvent: mais il n'était pas un *croyant catholique*.

Comment M. Masson peut-il oublier qu'en Egypte, en 1798, *à vingt-neuf ans*, Bonaparte a honoré la religion musulmane comme s'il était musulman lui-même (1) — c'est ce que Chateaubriand appelle *ses variations en Égypte* —, et que peu de jours après avoir dit à l'évêque de Malte: *Vous pouvez assurer vos diocésains que la religion catholique, apostolique et romaine sera non seulement respectée, mais ses ministres spécialement protégés*, il dit, en arrivant en Égypte: *Peuples d'Égypte, je respecte plus que les mameloucks Dieu, son Prophète et le Coran. Les Français sont les amis des musulmans. Naguère ils ont marché sur Rome et renversé le trône du Pape, qui aigrissait les chrétiens contre ceux qui professent l'islamisme; bientôt après ils ont dirigé leur course vers Malte, et ont chassé les incrédules qui se croyaient appelés de Dieu pour faire la guerre aux musulmans!* — Comment M. Masson peut-il oublier qu'au Caire il déclara au chef de la loi qu'il aurait été, lui, Bonaparte, *le restaurateur des mosquées*, — et que cet homme que le Pape devait appeler plus tard « mon très cher fils » était nommé, par le Schérif de la Mecque, dans une lettre, « le protecteur de la Kaaba », si bien que Chateaubriand a pu écrire qu'« il est évident que

(1) Ceci est prouvé; voir Aulard, *Histoire polit. de la Rév. franç.*, 2ᵉ éd., 1904.

Thiers a donc eu tort de prendre à la lettre (Livre LXII, 1818) cette déclaration de Napoléon à Sainte-Hélène:

« Pour moi, j'ai été dans les mosquées, j'y ai vu les hommes agenouillés devant la puissance éternelle, et bien que mes habitudes nationales fussent souvent froissées, pourtant je n'y ai point éprouvé le sentiment du ridicule. *La calomnie travestissant mes actes, a dit qu'au Caire j'avais professé l'Islamisme*, tandis qu'à Paris, devant le Pape, je jouais le catholique. En tout cela il y a quelque chose de vrai, c'est que même dans les mosquées je trouvais du respectable, et que sans y être ému comme dans les églises catholiques où mon enfance a été élevée, j'y voyais l'homme à genoux, humiliant sa faiblesse devant la majesté de Dieu ».

Bonaparte visait à se faire passer pour l'envoyé du Ciel, à l'instar d'Alexandre »? (1). Comment M. Masson peut-il enfin nous parler d'un Napoléon « croyant catholique » quand ce même homme si « musulman » en 1798, déclare en 1811, *à quarante-trois ans,* en parlant aux protestants hollandais : *J'ai trouvé dans les protestants des fidèles sujets,* *et* QUANT À MOI J'AI EU L'INTENTION D'EMBRASSER LA RELIGION PROTESTANTE (2) : *mais si je l'avais fait, trente à quarante millions de mes sujets auraient suivi mon exemple.....* (3).

On était loin, sous l'Empire, de l'idée moderne des

(1) La comtesse de Montholon, femme du général, et qui suivit avec son mari Napoléon à Sainte-Hélène, raconte dans ses *Souvenirs,* publiés en 1898, que Napoléon avait un faible pour Mahomet. M. Mouravit, auteur de *Napoléon bibliophile* (1905, p. 61) croirait volontiers que Napoléon conçut cette singulière prédilection à la suite de l'expédition d'Égypte, sous l'influence de ce désir de rivaliser avec Alexandre-le-Grand, qui le hanta toute sa vie. Est-ce dans la lecture de Mahomet, se demande M. Mouravit, que s'exalta son rêve, ce rêve de l'*Empire d'Orient* caressé jusque dans les désespérances de Sainte-Hélène? Ou bien est-ce l'ambition de cet empire oriental qui l'avait amené à être un *lecteur assidu de l'œuvre du Prophète?* Toujours est-il que, dans ses projets de « bibliothèque de Campagne » — ceux qui lui ont tenu le plus à cœur —, il avait donné, ainsi que M. Mouravit le prouve dans son livre, une place spéciale au *Koran.*

Cette idée de l'Empire d'Orient (cfr. les récents travaux de M. Driault) est rappelée par Chateaubriand, lorsqu'il raconte la campagne d'Egypte : « Arrêté aux frontières orientales de l'Asie, Bonaparte va saisir d'abord le sceptre de l'Europe, pour chercher ensuite au nord, par un autre chemin, les portes de l'Himalaya et les splendeurs de Cachemire... Après s'être plongé dans l'Orient, source des renommées merveilleuses, il nous revient, sans toutefois être monté à Jérusalem, de même qu'il n'entra jamais dans Rome... Tout imprégné des miracles de la Judée et de souvenirs de la tombe aux Pyramides, Bonaparte franchit les mers... ».

(2) Tout cela n'empêche pas Napoléon de déclarer en 1818 (THIERS, *Sainte-Hélène,* Livre LXII) : « Pour moi, quand à l'époque du Concordat quelques vieux révolutionnaires me parlaient de faire la France protestante, J'ÉTAIS RÉVOLTÉ, comme si on m'avait proposé d'abdiquer ma qualité de Français pour devenir Anglais ou Allemand ».

(3). GYSBERTI-HODENPYL, *Napoléon en Hollande, 1811 (Revue Napoléonienne, 1907).*

Sozialistische Monatshefte berlinois (1), que « la religion n'est qu'une affaire privée », que séparer la religion de l'Etat ne porte pas de coup mortel à la religion — les Etats-Unis en sont un exemple —, qu'une église, protestante ou catholique, est une organisation très complexe qui ne meurt pas aussi vite qu'on le croit, et qu'on peut se poser la question si « les Eglises auront un rôle dans l'avenir ».

*
* *

Cet homme qui est né catholique, qui faisait croire aux musulmans d'être musulman et aux protestants d'avoir songé à embrasser leur religion, était-il au moins, dans *sa vie intime*, un croyant catholique? Non! Qu'on aille voir aux Archives Vaticanes le règlement des fêtes du 18 avril 1802, jour où l'Eglise célébrait la fête de Pâques et que Napoléon choisit pour promulguer le Concordat, solennellement, en Notre-Dame de Paris. Ce règlement a été établi d'un commun accord entre le Pape et le Premier Consul. Le Pape avait disposé que son légat *devait communier de sa main les Consuls*, comme gage chrétien et public de cette paix religieuse officielle. *Sur cette disposition, figure un large trait à l'encre noire, de la main de Bonaparte.*

Deux ans plus tard, en 1804, lors du sacre de l'Empereur, même râture napoléonienne sur le programme de la cérémonie qui eut lieu dans cette même église de Notre-Dame. *L'article de la communion de l'Empereur et de l'Impératrice, que Pie VII devait leur donner de sa main d'après l'article rédigé par le grand-maître des cérémonies Champagny, est biffé à la plume par Napoléon et porté en marge, dans l'exemplaire conservé aux Archives Vaticanes, (et dont le R. P. Rinieri a publié le fac-similé*

(1) Art. de Paul Gohre, juillet 1905.

en 1906) ces deux simples mots écrits par le Pape lui-même: *Non comunicarono*, ils ne communièrent pas (1).

Qu'on ne nous parle donc pas de Napoléon croyant, de Napoléon catholique. Napoléon déiste, ne se préoccupant pas trop des discussions sur l'existence de Dieu, acceptant simplement cette existence et restant spiritualiste d'instinct, oui (2); mais Napoléon croyant dans son for intérieur dans la religion dans laquelle il est né, non, cent fois non: dans cette religion, il ne voit qu'un *instrumentum regni;* il a trop d'intelligence pour ne pas comprendre la faillite de la religion de l'Être suprême, il a trop d'esprit d'observation et de « tact historique » pour ne pas comprendre que le rôle de la religion catholique n'est pas fini, que la France est, au lendemain de la Révolution, aussi catholique qu'à la veille, et que cette religion peut et doit être, entre ses mains, une arme d'une puissance exceptionnelle. Quant au Pape, il lui ôte Rome, il l'emprisonne, il le fait voyager comme un préfet; en 1811, il déclare aux protestants hollandais (3): *Ah! qu'est-ce que le Pape? C'est le chef de l'Eglise, le premier entre les évêques. Jésus-Christ a élu douze apôtres, mais il* N'A DONNÉ DE PRÉÉMINENCE À AUCUN D'EUX. *Et quant à la religion catholique, elle est* TRÈS BONNE, LORSQU'ELLE N'EST PAS DÉNATURÉE; *mais la religion des Grégoires et des Bonifaces est la* PLUS DÉTESTABLE DE TOUTES, *ne croyez-vous pas?*

Comme prince français, comme chef d'État, Napoléon est catholique: il comprend qu'il ne peut être que catholique comme ses sujets. A ces protestants dont je viens de parler, il dit, toujours en 1811:

(1) BOYER D'AGEN (*Revue Napoléonienne*, 1905, p. 246).

(2) « Ses colères contre l'Église dont il était le restaurateur montrent qu'un *instinct de spiritualisme* dominait au milieu même de ses égarements, car ses chutes et ses irritations *ne sont point d'une nature philosophique* et portent l'*empreinte du caractère religieux* » (CHATEAUBRIAND, *op. cit.*).

(3) GYSBERTI, *op. cit.*, 1907.

« Comme Empereur de France, j'ai promis à toutes
les confréries établies ma protection, mais comme souverain chrétien j'ai une mission plus importante que la
protection des confréries particulières. C'est Jésus-Christ
qui a voulu que tous deviennent un seul troupeau. Favoriser cette unité divine, tel est le devoir de tous les
princes chrétiens: c'est d'après ce principe que je me
règlerai ».

La religion catholique, bien digne de son nom de
« catholique », n'est donc pas seulement un *instrumentum
regni* pour l'Empereur des Français: c'est un *instrumentum*
qui lui permettra de s'assurer l'Empire universel. Le discours que nous venons de citer est de 1811: Napoléon est
à la veille de 1812, de la Campagne contre la Russie....
Il rêve le sceptre du monde.

*
* *

Napoléon a été croyant, superstitieux même, pendant
son enfance. Qu'on songe à son milieu. — Il l'a été, éga-
lement, à Sainte-Hélène, où il se trouve loin de sa mère,
de sa femme et de son fils, loin de ses frères et de ses
sœurs, malade, vaincu, insulté quotidiennement par ses
géôliers. L'enfant catholique d'Ajaccio reparaît dans le
mourant. N'est-ce pas bien naturel? (1). Mais entre le
berceau et la tombe, qui sont l'un d'un catholique et
l'autre d'un croyant, il y a une vie de cinquante-deux
ans. Et cette vie, c'est la vie d'un homme qui n'a jamais
nié l'existence d'*un Dieu*, qui y a cru fermement, mais
qui ne s'est point soucié de savoir quelle est la meilleure
des religions. Les convictions personnelles de Napoléon

(1) « À cette dernière heure, le sentiment religieux dont Bonaparte
avait toujours été pénétré SE RÉVEILLA », dit CHATEAUBRIAND (*Napoléon raconté par Chateaubriand*, p. 371).

ne l'empêchèrent jamais de respecter celles des autres. Il *regrettait* de ne pas pouvoir être dévot, car ce devait être, disait-il, une grande consolation. « Son incrédulité ne venait ni de travers, ni de libertinage d'esprit, mais seulement de la force de sa raison », dit un écrivain catholique, M. Boyer d'Agen (1). Pour l'*âme de Napoléon Bonaparte*, toutes les religions sont bonnes pourvu que lui, Napoléon, en ait une; pour le *génie de l'Empereur*, aucune religion n'est meilleure que la catholique comme instrument de puissance: il n'en admet aucune autre. Et, en écrivant son testament, c'est l'*Empereur*, ce n'est pas *Napoléon Bonaparte* qui dit, en mourant: *J'ai été catholique.* Il songe que le fondateur d'une dynastie doit proclamer hautement sa croyance dans la religion de ses sujets.

Napoléon est un exemple frappant de la tendance moderne de ce qu'un écrivain allemand — le D.ʳ Max Messer — appelle (2) « la religion de l'individu ». Si vous suivez l'évolution de l'idée de Dieu, vous voyez tout de suite combien, dans le cours des temps, l'âme religieuse des hommes a changé. Parce que nous ne parlons plus de Dieu, Nietzsche a pu dire: Dieu est mort! Non! Dieu est moins une *pensée* qu'un *sentiment*, et nous avons aujourd'hui une religion de l'individu: c'est que chaque homme veut avoir son Dieu, sa représentation de l'Infini, ainsi que Graf, le célèbre poète italien, l'a si bien expliqué dans ses admirables pages intitulées: *Pour une foi* (3).

Et Napoléon a eu *son* Dieu, il a eu sa religion individuelle, dirait le philosophe allemand que nous venons de nommer. C'est un peu ce qui est arrivé à Schiller. Comme M. Masson, qui s'est demandé: Napoléon était-il croyant, M. Théodore Kappstein (4) s'est demandé: Schiller était-il religieux? Schiller (comme Napoléon) a voulu

(1) *Revue Napoléonienne*, 1905, p. 248.
(2) *Nord und Süd*, Breslau, juin 1905.
(3) *Per una fede* (*Nuova Antologia*, Rome, 1905).
(4) *Deutschland*, Berlin, 1905, III, 8.

avoir *son* Dieu: il s'est fait un Christ à son idée, un Christ qui était une nécessité historique — tout comme la religion catholique, la religion d'Etat, était une « nécessité historique » pour Napoléon Empereur *des Français* — dans le développement de l'humanité.... Et tout comme Schiller a toujours regretté (M. Kappstein le démontre) la disparition des anciens dieux, Napoléon s'est senti porté à admirer en 1798 la religion musulmane et en 1811 la religion protestante....

*
* *

L'analyse des lectures que faisait Napoléon, l'examen de ses bibliothèques, prouvent que nous avons en lui si non un catholique, du moins un déiste.

Dans la bibliothèque que le général Bonaparte emporta en Egypte, se trouvaient *Ossian, Werther, la Nouvelle Héloïse* et *le Vieux Testament:* « indication du chaos de la tête de Napoléon », dit Chateaubriand; « il mêlait les idées positives et les sentiments romanesques, les systèmes et les chimères, les études sérieuses et les emportements de l'imagination, la sagesse et la folie ».

La comtesse de Montholon, qui avait suivi Napoléon à Sainte-Hélène, nous apprend (1) que l'Empereur trouvait « grand plaisir » à « reprendre » les ouvrages qui « lui avaient plu » dans sa jeunesse (2), que « la philosophie du XVIIIᵉ siècle avait séduit son esprit » mais que « pourtant il avait gardé l'empreinte de la foi de son enfance, qu'à Longwood il a lu l'*Ancien Testament* (3), tout l'*Evangile*, les *Actes des apôtres* ». Elle ajoute que Napoléon professait une grande admiration pour Saint-Paul.

Ces derniers et importants témoignages sont corro-

____

(1) *Souvenirs*, éd. de 1898, p. 61-65.

(2) « Il n'aimait pas Buffon » (*loc. cit.*).

(3) Un des livres, nous venons de le dire, qu'il avait emportés en Egypte vingt ans avant.

borés par un passage d'une lettre du général, mari de
la comtesse. C'est M. Gustave Mouravit qui publie cette
lettre de Montholon — du 11 août 1819 — dans son
charmant et instructif volume sur *Napoléon bibliophile* (1).
« La lecture à la mode à Longwood », écrit Montholon,
« est l'*Evangile, Bossuet, Massillon, Fléchier, Bourdaloue* ».

Dans ses trois bibliothèques de la Malmaison, du
Trianon et des Tuileries, il y a quinze ouvrages sur la
religion dans la première, quatre dans la seconde, un
dans la troisième (2). Le dépouillement de ces chiffres
est intéressant et instructif. Il faut remarquer, d'abord,
qu'il n'existe, dans aucun des trois Catalogues, ni ouvrage de philosophie proprement dite, ni œuvre de morale purement religieuse. Napoléon n'aimait guère les
philosophes, ni les programmes philosophiques — avec
ou sans « système » — par haine du spéculatif: son esprit
s'en tenait, sur un tel sujet, aux idées reçues, au bon
sens pratique, « à une sorte de foi du charbonnier tout
à fait antimétaphysique », comme dit M. Mouravit, qui
démontre beaucoup de finesse et d'originalité dans ses
recherches de psychologie napoléonienne. Quant à la
religion, son instruction religieuse fort rudimentaire,
quoi qu'on en ait dit, fit de lui un autre « enfant du
siècle » de Voltaire (3) et de l'*Encyclopédie*. Aussi, dans
ces trois bibliothèques, ni traités de philosophie, ni Bourdaloue, ni Massillon (qu'il devait lire plus tard à Sainte-
Hélène); rien de Bossuet, sinon la *Défense de la Déclaration de 1682* et le *Discours sur l'Histoire universelle* (4).

(1) Recherches spéciales de psychologie napoléonienne, avec documents
inédits (Paris, Libr. Lecampion, A. Blaizot éd., 1905, in 8°). Page 60.
(2) Mouravit, op. cit. p. 80.
(3) Hudson Lowe disait à O'Meara (*Complém. du Mémorial*, 1824,
t. I, p. 321): « Le général Bonaparte n'a probablement pas connaissance
d'une définition du mot *caractère*, contenue dans un des ouvrages de
Voltaire, car il ne serait pas si passionné pour les œuvres de ce grand
homme ».
(4) Qui a naturellement trouvé grâce et se rencontre à la fois dans
les bibliothèques des Tuileries et du Trianon.

À la bibliothèque de la Malmaison, rien des Pères de l'Eglise, sauf Saint-Jean-Chrysostôme (1); mais, par contre, dans cette même bibliothèque de la Malmaison, le *Koran* traduit par Savary et la *Bible* de Sacy (1789), en douze volumes, avec figures de Marillier. Cette *Bible* se trouve aussi dans la bibliothèque de Trianon. Il ne faut pas s'étonner de ce dernier double emploi: *il a bien sa signification,* dit M. Mouravit, et il a raison, car dans la composition, comme dans l'organisation de ses bibliothèques privées, Napoléon a toujours apporté une très personnelle initiative. Ses exclusions sont systématiques, ses admissions lui sont dictées par des goûts foncièrement enracinés, bien rarement par l'intérêt du moment ou par une simple fantaisie.

Tout cela nous est prouvé par la correspondance de l'Empereur avec son bibliothécaire Barbier (2).

Quand il partait pour l'armée, Napoléon emportait toujours une bibliothèque de voyage, composée, en petits formats, de ce qu'il préférait avoir à sa disposition.

L'Empereur ayant remarqué qu'il manquait dans cette bibliothèque plusieurs ouvrages importants, et ayant appris que la grandeur du format n'avait pas permis de les y placer, conçut, à diverses époques, le projet — qui ne fut jamais exécuté — de faire imprimer *pour son usage* une bibliothèque dont il traça lui-même le plan dans deux notes qui furent envoyées l'une de Bayonne le 17 juillet 1808, l'autre de Schœnbrunn le 12 juin 1809, par le baron Meneval, secrétaire du portefeuille de Napoléon, au bibliothécaire Barbier.

« L'Empereur », écrivait Meneval, « désire se former une bibliothèque portative d'un millier de volumes (3) petit in-12 imprimés en beaux caractères.... sans marges pour ne pas perdre de place....».

(1) « Homélies » et « Lettres ».

(2) Cfr. *Notice... sur Ant.-Alex. Barbier* par son fils Louis (Paris, Barrois l'aîné, janv. 1827, in 8º).

(3) Ces *mille* volumes deviennent, en 1809, 3000, tous d'histoire, mais en y faisant entrer Strabon, *la Bible* et *quelque Histoire de l'Eglise.*

Sur ces mille volumes, « à peu près 40 volumes de Religion (1).... Les ouvrages de Religion seraient: l'*Ancien* et le *Nouveau Testament,* en prenant les meilleures traductions; quelques *Épîtres* et autres ouvrages les plus importants des *Pères de l'Église;* le *Koran* (2); la *Mythologie;* quelques *Dissertations* choisies sur les différentes sectes qui ont le plus influé dans l'histoire, telles que celles des *Ariens,* des *Calvinistes,* des *Réformés;* une *Histoire de l'Église* si elle peut être comprise dans le nombre de volumes prescrit.... ».

Dans le *Catalogue des Livres de l'Empereur Napoléon destinés au Roi de Rome* (399 volumes en tout) pièce très précieuse que possède, à Aix, la comtesse de Lapeyrouse fille de Montholon, née à Sainte-Hélène et.... ressemblant énormément à l'Empereur — elle vit encore — il faut noter enfin huit volumes de « *La Sainte Bible* traduite en français sur la Vulgate, par Saci (sic) » et quatre volumes de Bossuet....

* * *

Faut-il penser que Napoléon, en déclarant dans son testament: « *Je meurs dans la religion apostolique et romaine dans le sein de laquelle* JE SUIS NÉ *il y a plus de cinquante ans* » ait voulu éviter de dire: *dans laquelle* J'AI VÉCU », ainsi que le pense l'historien de *Napoléon et sa famille,* M. Frédéric Masson, de l'Académie Française? Et qu'« il n'eût point dit la vérité », ainsi que le prétend son biographe, « s'il eût écrit: DANS LAQUELLE J'AI VÉCU »?

La question mérite d'être étudiée. Mais comme tout problème psychologique, il n'est pas possible de lui donner une solution d'une exactitude mathématique. Il nous suffira de soumettre à nos érudits lecteurs, en

---

(1) Le reste était: 40 des « épiques » [Napoléon appelle *ses épiques* Homère, Lucain, le Tasse, *Télémaque,* la *Henriade*...], 40 de théâtre, 60 de poésie, 100 de romans, 60 d'histoire, le reste pour arriver à 1000 de « Mémoires historiques de tous les temps ».

(2) *Encore le Koran, toujours le Koran!*

regard des appréciations et des conclusions de M. Masson, les opinions et les réflexions de quelques « napoléonisants » et historiens parmi les plus autorisés.

Donc, le 12 avril 1821, enfermé seul avec M. de Montholon, Napoléon lui dicta le brouillon de son testament (1). « Il énumérait ses volontés d'une voix ferme, comme s'il eût voulu profiter de la dernière occasion qu'il trouvât de les manifester ». Le brouillon fut achevé dans une séance. Un tel effort avait épuisé l'Empereur, qui dut attendre trois jours avant de se remettre au travail. Le 15 avril, les deux hommes s'enfermèrent de nouveau et, cette fois, ce fut M. de Montholon (2) qui dicta le testament à Napoléon, afin que la pièce fût écrite entièrement de la main impériale.

Le 20 avril, l'Empereur fit appeler l'abbé Vignali, qui, venu à Sainte-Hélène avec l'abbé Buonavita, y était demeuré (3), et il se confessa « avec les marques de la plus sincère piété ». Napoléon, du reste, « semblait alors très porté vers les consolations religieuses » et, s'il parlait

(1) Bertrand, le grand-maréchal, ne venait que pour les grandes circonstances. L'Empereur le boudait. Bertrand avait parlé plusieurs fois de rentrer en France. Il n'attendit que parce qu'il prévoyait très proche la fin.

(2) Mémoires de MONTHOLON, ouvrages d'ANTOMMARCHI, de GÉRARD DE BEAUREGARD et de Lord ROSEBERY, Souvenirs de l'abbé VIGNALI, du Marquis de MONTCHENU etc.

(3) En même temps que le Dr. Antommarchi (arrivé à Sainte-Hélène le 18 septembre 1819), le card. Fesch avait envoyé à Sainte-Hélène, où ils arrivèrent à la fin de 1819, « un bon vieux prêtre, l'abbé Buonavita, ancien missionnaire au Mexique, et un jeune ecclésiastique, l'abbé Vignale [*sic*], l'un et l'autre fort honnêtes gens, mais sans instruction et sans esprit » (THIERS, t. X). Mais l'abbé Buonavita quitta bientôt Sainte-Hélène, et Vignali resta seul auprès de Napoléon.

THIERS (l. LXII) dit d'Antommarchi que « ce jeune médecin italien avait quelque esprit, peu d'expérience et une extrême présomption », que l'abbé Buonavita était « un bon vieux prêtre; l'abbé Buonavita et Vignali étaient l'un et l'autre fort honnêtes gens, mais sans instruction et sans esprit ».

NAPOLÉON a dit d'eux, vers la fin de 1819: *« Je me suis entretenu avec eux de sujets religieux (car de quels sujets s'entretenir lorsque la mort est si près?)* MAIS AU PREMIER ENTRETIEN LES VOILÀ HORS DE COMBAT. Il me fallait un prêtre savant, avec lequel je pusse discourir sur les dogmes du

toujours des prêtres — que M. Lavedan appelle si spirituellement « les marchands d'éternité » — « avec quelque persiflage, il affirmait du moins sa croyance en Dieu et dans le dogme catholique ». Le 21 avril, lendemain de sa confession, il manda derechef l'abbé Vignali vers une heure et demie (1).

— Savez-vous, abbé, lui demanda-t-il, ce que c'est qu'une chapelle ardente ?

— Oui, Sire.

— En avez-vous desservi ?

— Aucune.

— Eh bien, vous desservirez la mienne !

Antommarchi, présent à cette étrange conversation, ne dissimula point assez les sentiments qu'elle lui inspirait. « Sa figure », dit le docteur en parlant de Napoléon, « était animée, convulsive ; je suivais avec inquiétude les contractions qu'elle éprouvait, lorsqu'il surprit sur la mienne je ne sais quel mouvement qui lui déplut ». Comme les sentiments d'Antommarchi se trahissaient dans l'expression de son visage, l'Empereur l'interpella avec une dédaigneuse ironie et lui dit d'un ton sévère :

— Jeune homme, vous êtes au-dessus de ces faiblesses ; vous avez peut-être trop d'esprit pour croire en Dieu : je n'en suis pas là. Que voulez-vous ? Je ne suis ni philosophe, ni médecin. *Je crois à Dieu ; je suis de la religion de mon père ; n'est pas athée qui veut.*

christianisme. Certes il ne m'aurait pas rendu plus croyant en Dieu que je ne le suis, mais il m'aurait édifié peut-être sur quelques points importants de la croyance chrétienne. Il est si doux d'approcher de la tombe avec la foi absolue des catholiques ! Mais je n'ai rien de pareil à attendre de mes deux prêtres. Pourtant ils me diront la messe, et ils seront bons au moins à cela ! ».

(1) Monsieur AULARD critiquait récemment (*La Rév. Fr.* du 14 sept. 1905, p. 279) le caractère littéraire et fantaisiste de ces reconstitutions selon « l'ancien idéal historique, qui est de reconstituer *littérairement* le passé, en se servant de tous les matériaux qui s'offront, pourvu qu'ils soient authentiques », conversations reproduites « en forme de dialogue comme d'après une sténographie », ce qui est un « artifice littéraire ». Mais il y a des dialogues dont il est tout à fait ingénu de douter. Quel intérêt pouvait donc avoir Vignali à inventer ces détails ? Et Antommarchi ?

2

Puis, revenant au prêtre :

— *Je suis né dans la religion catholique, je veux remplir les devoirs qu'elle impose et recevoir les secours qu'elle administre.* Vous direz tous les jours la messe dans la chapelle voisine et vous exposerez le Saint-Sacrement pendant les quarante heures. Quand je serai mort, vous placerez votre autel à ma tête, dans la chapelle ardente; vous continuerez à célébrer la messe, vous ferez toutes les cérémonies d'usage; vous ne cesserez que lorsque je serai en terre (1).

L'abbé s'étant retiré, l'Empereur revint au docteur, en lui reprochant son incrédulité: « Pouvez-vous », lui dit-il, « la pousser à ce point? Pouvez-vous ne pas croire à Dieu? Car enfin tout proclame son existence, et puis les plus grands esprits l'ont crue ». Antommarchi répondit qu'il n'avait jamais douté de l'existence de Dieu, et que Napoléon s'était mépris sur l'expression de ses traits. L'Empereur lui répondit: « Vous êtes médecin.... Ces gens-là ne brassent que de la matière, ils ne croiront jamais rien ». Cette réponse donne raison au comte d'Haussonville qui a écrit ce beau et éloquent passage:

« Jamais Napoléon ne s'est complu à afficher publiquement sur les sujets religieux des opinions légères, scabreuses ou seulement malsonnantes. Bien loin de là, depuis son avènement à l'Empire, il était sous l'influence d'idées toutes différentes et le pire moyen de lui faire la cour était de professer l'athéisme aux Tuileries, comme faisaient encore d'anciens adeptes de la secte philosophique. Volontiers, il provoquait à ce sujet la discussion et dans les controverses animées qu'il se plaisait à soutenir contre Cabanis, Monge et de Lalande sur les preuves d'un Dieu personnel, il se vantait volontiers de savoir trouver réponse à tous leurs arguments.

(1) Il avait recommandé à l'abbé Vignali, que Thiers appelle *Vignale,* « qu'on observât à ses funérailles les rites du culte catholique, et que sa salle à manger, dans laquelle on lui disait sa messe, fût convertie en chapelle ardente » (THIERS).

« Quant aux plaisanteries inconvenantes sur les dogmes particuliers au christianisme, il les avait en aversion et traitait fort dédaigneusement les beaux esprits attardés qui se les permettaient devant lui » (1).

A compter de l'instant du dialogue avec Antommarchi, la maladie se précipita, et il sembla que le dénouement ne fût plus qu'une question d'heures. Le 26, il se coucha pour ne plus se relever. Le 28, il dicta à Montholon la lettre par laquelle il ordonnait qu'on fît part de sa propre mort à sir Hudson Lowe.

Le 3 mai, à une heure (2), l'abbé Vignali, revêtu des ornements sacerdotaux et portant le viatique, pénétra dans le salon où était l'Empereur. Il demeura quelque temps seul avec lui, et ne ressortit que quand les sacrements eurent été administrés.

Le 4 mai, au matin, une tempête affreuse se déchaîna sur Sainte-Hélène: elle dura jusqu'au lendemain.

La dernière nuit fut épouvantable. L'Empereur, agité de mille soubresauts, proférait des paroles sans suite.... Quand parut le jour du 5 mai, son exaltation tomba. Il balbutia encore deux mots: « Tête !.... Armée !.... », peut-être « Tête d'armée !.... », puis il se tut pour toujours. Vers six heures du matin, ses traits se détendirent. Il respira régulièrement toute la journée; il était exactement six heures moins onze minutes lorsqu'une convulsion suprême secoua Napoléon, et son dernier soupir s'échappa de ses lèvres avec un peu d'écume.... Chateaubriand écrit: « Quand il ferma pour jamais les yeux, son épée, expirée avec lui, était couchée à sa gauche, un crucifix reposait sur sa poitrine: le symbole pacifique appliqué au cœur de Napoléon calma les palpitations de ce cœur, comme un rayon du ciel fait tomber la vague ». L'abbé Vignali passa toute la nuit en prières.... C'est lui qui, le 9 mai,

---

(1) Comte d'Haussonville, *Le respect de Napoléon pour la Religion* (*Le Patriote Orléanais*, Orléans, 1er avril 1906).

(2) Laurent de l'Ardèche (p. 796) dit *deux heures de l'après-midi*. Dans ce livre, cette scène du viatique est illustrée par Horace Vernet.

à dix heures, célébra la dernière messe. Le cortège se forma à midi, et c'est toujours l'abbé Vignali qui marchait en tête (1), avec le jeune Henri Bertrand faisant fonction d'enfant de chœur. La cérémonie s'acheva dans une grande simplicité. L'abbé Vignali bénit la tombe, récita les dernières prières.

Aucune inscription ne fut gravée sur la sépulture. Aujourd'hui, à Paris, aux Invalides, aucun nom, non plus, sur le tombeau de l'Empereur. Une telle sépulture, même anonyme, n'a pas à redouter l'oubli.

Napoléon avait désigné lui-même l'emplacement, au cas où il serait enterré à Sainte-Hélène, à côté de la source qui avoisinait la maison de Torbett, au-dessous de celle de Mr. Ibbetson, à Hutt's-Gate, à l'ombre d'un bouquet de saules pleureurs. « Je ne crois pas qu'on eût pu choisir endroit mieux approprié », écrivait le 6 mai 1821 un témoin anglais, le colonel Gorrequer. C'est lui qui nous apprend que le comte de Montholon avait demandé que l'emplacement fût consacré par le clergyman anglais et ensuite par le prêtre de Longwood, Vignali.

****

C'est dans le *Gaulois* du 12 septembre 1905 (2) que M. Masson s'est demandé: « Napoléon était-il croyant? ». Et pour répondre affirmativement: « Oui, Napoléon était croyant », il a fait quelques réflexions que je cite textuellement:

« Il ne s'agit point ici de politique, ni de l'exercice « public du culte qui peut être de la politique. Les signes « de croix répétés à l'italienne que fait Napoléon lorsqu'il « éprouve une émotion vive sont certainement une sur- « vivance des habitudes d'enfance; l'assistance régulière

---

(1) « Le prêtre Vignali conduisait la marche à pied, revêtu des habits sacerdotaux richement brodés d'or, avec un bénitier d'eau consacrée à la main », dit le témoin oculaire colonel GORREQUER.

(2) Article reproduit en 1907 dans la 2e série de *Jadis* (Paris, Ollendorff, in-18).

« à la messe dominicale est un acte de déférence à l'égard
« de la religion de la majorité des Français; de ces faits
« et d'autres de cette nature il serait imprudent de tirer
« des conclusions.

« Napoléon paraît avoir été médiocrement curieux
« des matières dogmatiques; il les avait réservées, n'en
« a guère parlé, moins écrit. Si dans des conversations
« intimes, rapportées avec une fidélité discutable, il énonce
« des idées philosophiques qui tournent au matérialisme,
« c'est là une boutade pour occuper les soirées mornes
« que le prisonnier désenchanté s'efforce vainement d'a-
« bréger en présentant et en soutenant des paradoxes qui
« appellent la discussion. Napoléon est un spiritualiste-
« fataliste, cela ne peut être contesté et, de là au chris-
« tianisme, il n'y a pas si loin que certains pourraient
« penser: mais il y a la Révélation.

« Nulle part Napoléon n'a fait profession d'incrédu-
« lité. Sa parole, au sujet du dogme, a toujours été res-
« pectueuse et déférente. Jamais il n'a goûté les plaisan-
« teries grossières et faciles qui paraissaient neuves aux
« fils de Voltaire. Il demeurait sérieux et grave en face
« du problème redoutable que les esprits médiocres se
« plaisent à résoudre du ton suffisant et dégagé qui at-
« teste leur incurable sottise. Ce qui fut, à travers
« soixante générations, l'objet de la vénération de millions
« d'hommes, ce qui entraîna des migrations d'humanité,
« ce pour quoi des multitudes souffrirent le martyre et
« moururent joyeusement, ce qui dota l'humanité d'une
« face nouvelle, changea son mode de penser, lui inspira
« une civilisation, lui imposa ses institutions et ses lois,
« ne lui paraissait point si méprisable qu'il en abolît le
« principe par une simple négation et, si ardent qu'il fût
« à construire, il ne se croyait point de force à entre-
« prendre un édifice qui remplaçât celui-là. Mais de ce
« que la religion catholique attirait le respect du penseur
« et du fondateur d'Empire, ce n'est point dire que Na-
« poléon fût croyant.

« L'on peut hésiter et discuter, car, de même qu'il
« dérobe aux cérémonies d'étiquette son existence privée,
« il cèle soigneusement le for intérieur et ne se plaît point
« aux professions de foi. Il en a fait une pourtant. Le
« 15 avril 1821, en présence de la mort, manifestant dans
« " son testament ou acte de dernière volonté „ les pensées
« qui ont dirigé son esprit, résumant son histoire senti-
« mentale et politique, il a inscrit d'abord cette décla-
« ration : " Je meurs dans la religion apostolique et ro-
« maine, dans laquelle je suis né il y a cinquante ans „ (1).
« Nulle affirmation plus solennelle. Chaque mot a été pesé,
« chaque paragraphe renferme un monde de pensées. Sa
« doctrine entière est là.

« Il ne dit point " *dans laquelle j'ai vécu* „ (2), ce qui
« est la formule ordinaire des testateurs (3). Il prend le

(1) Cette citation de M. Masson est inexacte. Napoléon a écrit « dans
le sein de laquelle je suis né il y a *plus de* cinquante ans ». [A. L.].

(2) Pour Monsieur Masson les deux phrases *je meurs dans la religion
dans laquelle je suis né*, et *je meurs dans la religion dans laquelle
j'ai vécu* ont donc un sens tout à fait différent. Notre *referendum*, et
les réponses que nous venons de solliciter de quelques-uns de nos collaborateurs prouvent, par leurs réserves très catégoriques, que la question si
nettement tranchée par M. Masson est loin d'être considérée par tout le
monde comme définitivement réglée. [A. L.].

(3) « Pas du tout ! » me dit un vieux médecin français que j'interroge
à ce propos, M. le docteur Tostivint, chirurgien en chef de l'hôpital de
Dinan ; « *je meurs dans la religion catholique dans laquelle j'ai vécu*
« n'est pas du tout la *formule ordinaire des testateurs....* Tenez ! si j'avais
« dû, moi, écrire mon testament, j'aurais écrit, comme Napoléon, « *je
« meurs dans la religion dans laquelle je suis né* ». J'aurais voulu dire,
« avec ça, que je mourais dans la religion que mes pères m'avaient donnée
« à ma naissance, et qui avait été la mienne pendant toute ma vie.... Du
« reste », ajouta M. Tostivint en souriant, « Napoléon ne cherchait pas la
« petite bête ; or, écrire « *je suis né* » en pensant à éviter la phrase « *dans
« laquelle j'ai vécu* » eût été chercher la petite bête.... Napoléon était
« *déiste*, il était *croyant* ». (Conversation avec le Docteur Tostivint, 21 septembre 1905).

Voici un autre document à l'appui de la thèse soutenue par le docteur
Tostivint : c'est un testament où l'on déclare de *mourir* dans la foi *de la
naissance* sans parler de la religion *dans laquelle on a vécu*. En 1896, à
l'Institut, la mort du cardinal Perraud a produit une très vive émotion.

— 23 —

« point de départ, le baptême dans la cathédrale d'Ajaccio,
« et le point d'arrivée, Sainte-Hélène. Pourtant, dans l'in-
« tervalle, il a accompli toute une série d'actes qui, s'il
« n'est pas croyant, demeurent incompréhensibles, et qui,
« s'ils n'attestent point une participation effective, prou-
« vent une forme de respect qui ne peut être regardée
« que comme une adhésion.

    « Il a refusé constamment de faire consacrer par
« l'Eglise le lien civil qui l'unissait à Joséphine Tascher
« parce que, présageant qu'il devrait le rompre devant
« le monde, il n'a point voulu le rendre indissoluble
« devant Dieu. En même temps, c'est lui qui exige que
« le mariage de ses sœurs soit célébré par un prêtre ca-
« tholique; général en chef de l'armée d'Italie, c'est lui
« qui, au risque de ce qui peut arriver, demande à l'ar-
« chevêque de Milan les dispenses nécessaires pour que
« le curé de Bovisio donne, dans l'oratoire de Saint-
« François de Mombello, la bénédiction nuptiale à Pau-
« lette Bonaparte, fiancée au général Leclerc, et à Elisa
« Bonaparte, épouse, selon la loi, du capitaine Baciocchi;
« Premier Consul, c'est lui qui appelle le cardinal Caprara
« pour donner, " dans une chambre à part de l'hôtel de
« la rue de la Victoire „ la bénédiction nuptiale à Louis

On a rappelé l'éclat de la réception, en 1882, du grand prélat à l'Académie française, le discours qu'il prononça et où il fit l'éloge d'Auguste
Barbier. Il traça de lui un portrait saisissant où l'on vit revivre depuis
son enfance le poète immortel des *Iambes*.

    A la fin de son discours, Mgr. Perraud, auquel répondait Camille
Rousset, communiqua une lettre que Barbier avait écrite à ses derniers
moments. La voici :

    « *Né dans la foi catholique, apostolique et romaine, j'entends et
veux mourir dans cette foi de ma naissance* que je regarde comme la
formule la plus complète du christianisme.

    « Le christianisme est pour moi la vérité religieuse et me paraît abso-
lument nécessaire à l'éducation du peuple et à la conduite morale des sociétés humaines »

    On sait que Barbier en expirant désigna Mgr. Perraud au choix de
l'Académie pour lui succéder. Ce vœu fut exaucé par l'illustre Compagnie.
(Cfr. l'*Eclair*, Paris, 1906). [A. L.].

« Bonaparte, fiancé à Hortense de Beauharnais, et à Ca-
« roline Murat, épouse selon la loi de Joachim Murat.

« Napoléon croit donc à l'efficacité du mariage chré-
« tien. Il l'impose aux siens; Elisa et Caroline n'y ont pas
« songé; Madame, toute pieuse qu'elle fût, ne s'en est
« pas mêlée, et Joseph Fesch, archidiacre et grand vicaire,
« demain cardinal, n'en a pris aucun souci. C'est Napo-
« léon qui exige la consécration religieuse d'un lien civil
« vieux d'un, deux, trois ans. Aux deux cérémonies il
« assiste en personne, Joséphine à côté de lui. Mais il
« marie les autres, il ne se marie point lui-même. Il ne
« veut pas former un lien qu'il ne puisse rompre. Lorsque,
« victime du chantage organisé par Joséphine, il l'épouse,
« contraint et forcé, à la veille du couronnement, il ne
« cède que devant la menace qu'a faite Pie VII de re-
« partir, devant le scandale qui résulterait de la suppression
« de la cérémonie du sacre, devant l'écroulement de sa
« fortune aux yeux de la France tout entière appelée,
« aux yeux de l'Europe attentive et moqueuse. Jamais
« contrainte ne fut plus effective et ne justifia mieux la
« dispense du lien. Lorsqu'il l'invoqua en 1809 devant le
« tribunal de l'Officialité pour obtenir l'annulation du
« mariage, on s'étonna que celui qui n'avait point ren-
« contré d'adversaire qui lui résistât eût été vaincu par
« ces deux êtres faibles, un prêtre scrupuleux et une
« femme rouée. Rien de plus vrai pourtant ».

*
* *

Sous le second Empire, les éloges de Joséphine,
grand'mère de l'Empereur, étaient de commande. La ré
action contre cette littérature historico-apologétique a
été très violente: M. Masson a été bien sévère, dans
tous ses ouvrages, pour Joséphine (1), et M. Joseph
Turquan de même. Ce n'est que deux ans à peine que

(1) *Napoléon et l'Amour, Joséphine Tascher, Joséphine Impératrice,
Joséphine répudiée*, par MASSON.

quelque voix timide recommence à se faire entendre pour la défense de Joséphine: celle par exemple du vicomte E.-Melchior de Vogüé, de l'Académie Française, dans son livre *Sous l'horizon* (1), et celle de M. F. Brunetière dans sa *Réponse* au discours de réception de M. Masson à l'Académie Française. C'est donc à l'Académie que Joséphine trouve son plus acharné détracteur et ses plus vigoureux et chevaleresques défenseurs.

Dans le passage que nous venons de citer, M. Masson dit que Napoléon marie religieusement les autres, mais qu'il ne se marie point lui-même car « il ne veut pas former un lien qu'il ne puisse rompre » et que lorsqu'il est *victime du chantage organisé par Joséphine*, il l'épouse contraint et forcé, à la veille du couronnement. Mais pourquoi parler de *chantage?* Est-il absolument impossible de supposer que Joséphine, au moment d'être couronnée et sacrée par Pie VII, n'ait éprouvé un scrupule, du reste bien naturel, à l'idée de tromper grossièrement le Pape, qui *la croyait mariée religieusement* et qui, sachant bénis et unis *par des prêtres* les frères, les sœurs, les beaux-frères et les belles-sœurs de Napoléon (Pauline, Elisa, Louis, Caroline, mariés à Camille Borghese, à Félix (Pascal) Baciocchi, à Hortense Beauharnais, à Joachim Murat) ne soupçonnait pas le moins du monde que Napoléon osât se présenter au Sacre *avec l'Impératrice* sans être pour l'Eglise *le mari* de cette Impératrice? Il n'est pas sérieux de parler *de chantage* de la part de Joséphine, lorsque Napoléon commet, envers le Pape, une action bien plus grave, bien plus inqualifiable.

Mais poursuivons et achevons la lecture de l'attachant chapitre de M. Masson:

« Au Sacre », continue le célèbre historien napoléonien, « un autre incident fournit une preuve plus démonstra- « tive encore des sentiments religieux de Napoléon: il se « refuse à l'acte de communion publique qui est tradition- « nel, obligatoire dans l'ancien rituel. Un incrédule, déli-

(1) Paris, Colin, 1904.

« bérément non catholique, s'il y eût trouvé un avantage,
« ne s'y fût point soustrait. Convaincu que la transsubs-
« tantation ne s'accomplissait point, il n'eût point reculé
« devant la profanation: on ne profane que les choses
« sacrées. Elles ne le sont pas aux yeux de l'incrédule;
« elles le sont aux yeux de Napoléon. Il a sollicité la pré-
« sence du Pape; il reçoit les onctions de la main du Pape;
« il accepte, de la main du Pape, les ornements impériaux;
« il accomplit toute une suite d'actes majeurs qui établis-
« sent sa participation, en tant que souverain, à la foi
« catholique; mais, en tant qu'homme, il refuse de com-
« munier en public, parce que l'acte relève du for intérieur
« et que l'accomplir dans des dispositions qui ne soient
« point strictement celles ordonnées par l'Eglise révolte
« sa conscience. C'est bien alors sa conscience de catho-
« lique; donc il est catholique, quoiqu'il ne pratique point,
« et son refus de pratiquer est plus significatif et plus
« respectueux que n'eût été la recherche d'un expédient
« quelconque qui lui eût permis de simuler l'accomplis-
« sement de l'acte religieux.

« Il n'eût donc point dit la vérité s'il eût écrit: *dans
« laquelle j'ai vécu.* Mais il est pleinement en droit et plus
« qu'homme du monde [sic] d'écrire: *dans laquelle je
« meurs.* C'est lui qui a réclamé qu'on lui envoyât sur le
« rocher où " il meurt prématurément, assassiné par l'oli-
« garchie anglaise et son sicaire „ et où nul des chefs de
« la Sainte-Alliance n'a pensé à lui assurer des secours
« religieux, des prêtres de sa religion; c'est lui qui, ayant
« éprouvé combien les deux prêtres, que le cardinal Fesch
« a choisis dans des circonstances qui devront être dites,
« étaient inférieurs à leur mission, a fait solliciter du
« gouvernement de Louis XVIII, un prêtre français
« avec qui il pût s'entretenir et qui lui fût d'un secours
« efficace au moment du grand départ; c'est lui qui, au
« défaut de ce prêtre attendu — Mgr. de Quélen s'était
« offert et M. l'abbé Deguerry avait été désigné — fit,
« en pleine connaissance et en pleine conscience, appeler
« près de son lit d'agonie l'abbé Vignali, le prêtre corse

« qui, seul, se trouvait à Sainte-Hélène, et il se confessa
« à lui et il reçut de lui la communion.

« Il y a là une volonté efficace et caractérisée qui ne
« permet point le doute et qui oblige à répondre affirma-
« tivement : *Oui, Napoléon était croyant* ».

M. Masson, pour se justifier de mettre une si grande
importance à l'omission de la déclaration *d'avoir vécu en bon
catholique*, aurait dû nous prouver que les autres souve-
rains ont affirmé, en mourant, d'avoir *vécu* dans leur religion. Cela lui aurait été difficile. Que M. Masson lise
le troisième paragraphe du testament de Louis XVI : il
y trouvera : *Je meurs dans l'union de Notre Sainte Mère
l'Église Catholique, Apostolique et Romaine.*

Louis XVI, qui ne passe pourtant pas pour un athée,
ne sent aucun besoin d'ajouter *dans laquelle j'ai vécu*, et
Chateaubriand, quand il lit les deux testaments, celui
du Roi et celui de l'Empereur, a l'impression que les
deux déclarations de croyance sont identiques, puisqu'il
observe : « La Révolution nous a donné bien des ensei-
« gnements ; mais en est-il un seul comparable à celui-ci ?
« Napoléon et Louis XVI faisant la même profession de
« foi ! » (1).

*
* *

J'ai demandé à plusieurs historiens si, pour eux,
comme pour M. Masson, la phrase du Testament : *Je meurs
dans la religion dans laquelle* JE SUIS NÉ, a été employée
per l'Empereur pour éviter de dire *dans laquelle* J'AI VÉCU,
ou bien si, au contraire, il a indifféremment employé l'une
comme il aurait employé l'autre.

Voici les avis de ces éminents collaborateurs de la
Revue Napoléonienne :

Monsieur A. Chuquet, membre de l'Institut, l'auteur
de *Stendhal-Beyle*, des *Campagnes de la Révolution* et de
la Jeunesse de Napoléon, m'écrit le 15 septembre 1905 :

____

(1) *Napoléon raconté par Chateaubriand*, édité par M. MAUR. DREYFUS,
Paris, Ernest Flammarion, 1895, p. 373.

« Oui : *Dans laquelle je suis né* signifie *dans laquelle j'ai vécu*, et la phrase entière peut se rendre par cette autre:

« *Je finis comme j'ai commencé; je suis resté fidèle à la religion de mes pères* ».

Monsieur Victor Giraud, professeur à l'Université suisse de Fribourg, critique de Chateaubriand, secrétaire de la rédaction de la *Revue des Deux-Mondes* et auteur d'un magistral Essai sur *Taine*, m'écrit de son côté, le 15 septembre 1905 (suivant mon désir, *avant d'avoir lu l'article de M. Masson* sur le sujet dont nous nous occupons):

« Sur la question du Christianisme de Napoléon — que je n'ai pu étudier à fond comme elle le mériterait, je n'ai encore que des impressions très fugitives, que je vais donc vous livrer à titre de simples impressions, et sous bénéfice d'inventaire.

« Si je ne m'abuse, et en dépit des déclarations contraires de « matérialisme », ou de « fatalisme musulman », ou même d'« athéisme » qu'il a pu faire, tout au fond de lui-même, aux rares heures où il s'interrogeait sérieusement sur la question religieuse, Napoléon était croyant, chrétien et même catholique, sinon de pratique, tout au moins d'hérédité, d'habitudes et de *mentalité*. La pratique proprement dite semble avoir gêné d'assez bonne heure la liberté de ses allures et de sa vie, et de très bonne heure il a dû s'en affranchir. Mais, en despote intelligent et autoritaire qu'il était, il s'en accommodait très bien pour les autres; il avait, ce me semble, le sentiment très vif de ce que j'appellerais volontiers la vertu morale et sociale du catholicisme; il y voyait un très bon instrument de gouvernement et de discipline sociale; à condition qu'il ne se fît pas trop « ultramontain », et que comme tel il ne contrariât pas son action et sa politique, il ne lui déplaisait nullement, et au contraire, d'en protéger et d'en patronner les rites; et très volontiers il rehaussait de sa présence et de son appui officiel l'éclat des cérémonies du culte. — Je me demande si cette interprétation n'expliquerait pas la plupart des « gestes » religieux de Napoléon.

« En ce qui concerne la phrase " Je meurs dans la religion dans laquelle je suis né „, je serais peut-être un peu moins affirmatif que vous. A mon sens, elle peut être dite aussi bien par un indifférent (comme il y en a tant, et comme était en somme Napoléon) (1) dont les sentiments religieux se réveillent au moment de la mort, que par quelqu'un qui a toujours pratiqué très exactement sa religion.... A y réfléchir cependant, ce dernier éprouverait-il le besoin de faire en mourant une déclaration de ce genre ? Oui, à tout prendre, je la vois (si j'ose dire) plutôt dans la bouche du premier, de l'indifférent qui meurt chrétiennement. Cependant, je ne vais pas jusqu'à lui faire signifier *nécessairement* " et religion dans laquelle je n'ai pas vécu „. C'est, selon moi, trop forcer les termes.

« *P. S.* — Je lis maintenant l'article du *Gaulois*. Je ne vois rien à changer à ma " déposition „ et je vous la soumets ».

Le cardinal Mathieu, qui a été élu membre de l'Académie française en 1906, est un des historiens qui ont le mieux pénétré le caractère du Premier Consul et les ressorts de sa politique. Jamais les sentiments religieux de Bonaparte à l'époque du Concordat de 1801, et sa compréhension du rôle de l'Eglise dans la direction des affaires publiques, n'ont été plus subtilement analysés que dans les lignes suivantes:

(1) Sur « Napoléon indifférent », voici la charmante lettre que M. JEAN DE BONNEFON m'écrivait de Paris le 28 avril 1906 :

« Mon cher confrère, Le plus grand homme du monde peut écrire un mot, *sans intention*.

« Un homme de valeur est incapable d'omettre un mot *sans intention* : donc Napoléon a volontairement supprimé le membre usuel de la phrase testamentaire.

« Napoléon avait un cerveau militaire, historique, politique : il n'a eu ni le temps ni le goût de faire la philosophie de sa foi. Il aimait la religion catholique, parce qu'elle est un modèle de hiérarchie, parce qu'elle est une cage, où tenir les volontés humaines.

« Il était *indifférent* pour lui, *catholique* pour ses sujets. Très vôtre, JEAN DE BONNEFON ».

Voir, sur M. de Bonnefon, le beau chapitre que lui dédie M. JULES BERTAUT dans ses *Portraits de publicistes français* (Paris, Sansot, 1906, in-12).

« Quoi qu'il en soit des appréciations contradictoires et des légendes, que peut-on savoir exactement de la religion du Premier Consul? J'oserais dire que sa psychologie religieuse ne me paraît pas avoir été plus compliquée que celles des autres officiers d'artillerie, ses contemporains, parce qu'en face du christianisme les plus grands hommes sont *peuple*, tantôt subjugués par sa beauté, tantôt repoussés par les sacrifices qu'il impose, tentés comme les autres et plus que les autres par l'orgueil et par le plaisir, par conséquent exposés à perdre la foi, comme le commun des esprits, sans qu'il faille y chercher des raisons particulières.

« Bonaparte fut préparé à la première communion avec soin, mais il ne reçut qu'une instruction religieuse très sommaire.

« Il a raconté qu'il avait eu des doutes dès l'âge de 14 ans. Il ne trouva personne pour les éclaircir. L'éveil des passions, les lectures, toutes les influences qui s'exerçaient sur la jeunesse de son temps, les augmentèrent, et sa foi en subit une grave atteinte, sans pourtant mourir tout à fait.

« Voilà ce qui résulte de ses propres aveux, comme des témoignages nombreux et concordants de tous ceux qui l'ont le mieux connu. Je n'en citerai que deux publiés récemment et fort sérieux.

« On a coutume » dit Chaptal, « de regarder Bonaparte « comme un impie, un athée, etc. Je ne puis partager « cet avis, et ceux qui l'ont connu dans les années de « son Consulat seront de mon opinion. Bonaparte, sans « être dévôt, était religieux, et si ses démêlés avec le « Pape ne fussent pas survenus, je ne doute pas qu'à « quarante-cinq ans il n'eût été dévôt ».

« M.me de Montholon, dont on vient de publier d'intéressants *Souvenirs*, écrit de son côté: « Il avait rompu « dès sa jeunesse avec la pratique de la religion. Pourtant il avait gardé l'empreinte de sa première éduca« tion et de la foi de son enfance. Il était resté catho« lique et chrétien au fond du cœur ».

«Pourquoi, en effet, entendait-il avec émotion la petite cloche de Rueil? Pourquoi faisait-il le signe de la croix en apprenant la mort de Pichegru et à chaque évènement extraordinaire de sa vie? Pourquoi témoignait-il publiquement sa reconnaissance et servit-il une pension au P. Charles qui l'avait préparé à la première communion?

«Pourquoi dès l'année 1797, au moment où il dépouillait le Pape, ébauchait-il déjà une négociation religieuse avec lui? Pourquoi choisit-il le 15 août, jour de l'Assomption, comme fête nationale en supprimant le 14 juillet? La politique suffit-elle à expliquer tous ces petits faits concordants?

«Il semble bien au contraire que, dans cette âme extraordinaire, il y ait eu un coin réservé aux souvenirs pieux et aux croyances de son enfance, quelque chose comme une petite chapelle corse avec sa Madone et son crucifix! Il faut convenir pourtant que si la chapelle existait, il n'y faisait pas de fréquentes dévotions. C'est à la fortune de César qu'il offrait surtout ses sacrifices et c'est vers le Palais de César que, après le 18 brumaire, il s'acheminait avec résolution et prudence, porté par le peuple ébloui de ses victoires et prêt à payer de sa liberté le bonheur d'échapper à la tyrannie sanglante ou imbécile dont il avait tant souffert. Or, le rétablissement de la religion apparaissait au Premier Consul comme la condition essentielle de la paix sociale. On connaît son apostrophe à Fontanes qui a été citée, elle aussi, dans la chaire de Notre-Dame par l'orateur qui s'appelait alors le R. P. Hyacinthe Loyson: « Fontanes, «fais-moi des hommes qui croient en Dieu! Car les «hommes qui ne croient pas en Dieu, on ne les gou-«verne pas, on les mitraille! ».

«Metternich, qui s'était souvent entretenu avec Napoléon de ce sujet, affirme qu'il ne reconnaissait qu'à la religion positive le droit de gouverner les sociétés humaines, et qu'il regardait le christianisme comme la base de toute civilisation véritable. Sur ce point, Bonaparte n'a jamais varié et, soit au Conseil d'Etat, soit dans ses conversations particulières, il s'est exprimé avec une hauteur de vues et une éloquence familière que M. Thiers fait revivre dans les pages intéressantes que tout le monde a lues, au troisième volume de l'*Histoire du Consulat et de l'Empire*. Bonaparte a donc été déterminé au Concordat par tout ce qui lui restait de religion; mais il y a songé tout seul et dans des circonstances qu'il faudrait rappeler pour comprendre le tour particulier que prit la négociation ».

Monsieur Gabriel Monod, membre de l'Institut et directeur de la *Revue historique*, m'écrivait le 18 sept. 1905:

« Je pense que lorsque Napoléon a écrit: " Je meurs dans la religion *dans laquelle je suis né* „ il a été guidé dans le choix de cette expression, non par l'*intention* de faire comprendre qu'il ne croyait pas au catholicisme, mais par *le fait* qu'il n'y croyait pas, et que sa volonté de se conformer à ses rites en mourant était un acte politique, une acceptation de formes religieuses traditionnelles de la nation dont il était le chef. L'auteur du Concordat, qui reposait sur le fait que le chef de l'Etat français était catholique, ne pouvait agir autrement sans désavouer son œuvre. Si Napoléon avait pu exprimer explicitement toute sa pensée, il aurait formulé ses dernières volontés comme l'a fait Fustel de Coulanges en ces termes:

« Je désire un service conforme à l'usage des Français, « c'est à dire un service à l'église. Je ne suis, à la vérité, ni « pratiquant, ni croyant; mais je dois me souvenir que je « suis né dans la religion catholique et que ceux qui m'ont « précédé dans la vie étaient aussi catholiques (1). Le pa-

---

(1) C'est un peu la façon de s'exprimer de Giosue Carducci. Son docteur, M. Enrico Boschi a eu ce dialogue avec M. C. Viaggi (*Giornale d'Italia*, 18 sept. 1905):

« Viaggi: Se io non fossi indiscreto, amerei sapere quali sono le idee del Maestro in religione.

« Boschi: Credo di poterle assicurare che Giosue Carducci non ha nessuna credenza dogmatica; ma egli stesso afferma di non essere ateo. A questo

« triotisme exige que si l'on ne pense pas comme les an-
« cêtres, on respecte au moins ce qu'ils ont pensé ».

« Si cette manière de penser et d'agir est très contes-
table chez un particulier (car alors nous devrions rester
fidèles au druidisme ou au paganisme) elle est très com-
préhensible chez un chef d'État restaurateur du Catholicisme ».

Un vénérable historien, membre de la *K. Akademie
der Wissenschaften* de Berlin, à qui j'ai communiqué les
avis, que nos lecteurs connaissent déjà, des deux historiens français Masson et Chuquet, me répond le
19 septembre 1905:

« L'interprétation de M. Masson me paraît, comme
l'on dit vulgairement, tirée par les cheveux; je dirais en
termes moins vulgaires qu'elle me paraît hypercritique.
Pour ma part je me range, sans hésiter, à celle de M.
Chuquet, qui me semble tout à fait naturelle dans l'ordre
des " mots et des choses „......

« J' aurais encore quelque chose à dire quoique
n'ayant pas de livres en ce moment à ma disposition,
je ne puisse justifier cette supposition.

« Peut-être l'expression de Napoléon " je meurs dans
la religion dans laquelle *je suis né* „ est-elle une rémi-
niscence de la formule qui serait, admettons, italienne: ce

proposito è opportuno notare come egli sostenga che le sue opinioni reli-
giose sono immutate e sono sempre state le stesse sia ora, sia quando det-
tava l'inno a Satana o quando scriveva l'ode alla chiesa di Polenta. Que-
st'ultima ode, dice il poeta, è stata dai più erroneamente interpretata.
Ricorda i versi

> . . . . . . Quando sull'aure corre
> l'umil saluto, i piccioli mortali
> scovrono il capo, curvano la fronte
> Dante ed Aroldo.
> Una di flauti lenta melodia
> passa invisibil fra la terra e il cielo:
> spiriti forse che furon, che sono
> e che saranno?

« Queste parole sono state interpretate come l'espressione di un sentimento
del poeta, mentre puramente descrivono lo stato dell'animo e le pratiche
pie di Dante, di Aroldo e di tutti i credenti ». [A. L.].

qui par conséquent ne l'empêcherait pas d'équivaloir à l'expression " *dans laquelle j'ai vécu* „ qui serait, admettons, française.

« Il faudrait s'enquérir là-dessus auprès de quelque notaire (italien et français).

« S'il en était ainsi, j'aurais une raison de plus pour me ranger à l'opinion de M. Chuquet ».

Un collectionneur et bibliophile parisien bien connu, le baron Olivier de Watteville, ancien directeur au Ministère de l'Intérieur, actuellement un des représentants de S. A. I. le Prince Napoléon à Paris, m'écrit de Voiteur (Jura) le 21 septembre, et de Paris le 30 septembre 1905:

« ...A vous parler franc, bien cher ami, je ne fais aucun cas des élucubrations de Masson qui ont toutes pour but de rapetisser Napoléon et de combattre sourdement l'idée impériale pour nuire à notre parti (1) et au Prince dont il est l'ennemi personnel.

« Peut-on se fier aux potins de portier qu'il ressasse dans ses prétendus bouquins d'histoire? Car *jamais* il ne cite les sources où il puise et bien souvent il a été pris en flagrant d'erreur, peut-être volontaire.

« Napoléon était-il croyant? J'inclinerais à le penser. Il a rétabli le culte en France et quand un homme a traversé dans sa vie les évènements terribles qui ont marqué son existence, il ne saurait mourir comme un chien.

« En France, dans leur testament, les personnes croyantes emploient indifféremment les deux formules: "je meurs dans la religion dans laquelle je suis né „ ou " dans laquelle j'ai vécu „. Quelques-unes, mais en petit nombre, joignent les deux expressions. Je vous en parle en parfaite connaissance de cause, car, pendant les dix années que j'ai passées au Ministère de l'Intérieur, comme commis, j'ai eu entre les mains plus de mille à mille cent testaments à examiner et à étudier pour les questions

---

(1) Combattre *sourdement*? Non pas. Les déclarations de M. Masson sont très explicites. Voir ses différentes *préfaces* aux volumes Ollendorff. [A.L.]

d'autorisation (ou de refus) d'acception de legs pieux et charitables par les établissements publics ».

M. Henry Stein, archiviste aux Archives Nationales et directeur du *Bibliographe Moderne* (1) m'écrit de Paris le 28 septembre 1905 :

« Les deux formules testamentaires *je meurs dans la religion catholique dans laquelle je suis né et je meurs dans la religion catholique dans laquelle j'ai vécu* s'employaient indifféremment autrefois (2) et je crois qu'il n'y a guère d'importance à attacher au changement de rédaction.

« Dans les très-nombreux testaments enregistrés aux Archives Nationales, il est impossible de distinguer une volonté particulière ou une affirmation quelconque dans la rédaction adoptée par le testateur.

« Y a-t-il une intention particulière dans la formule adoptée par Napoléon, c'est ce qu'il est assez difficile à dire. Pour moi, je ne le crois pas..... ».

Le sénateur Barzellotti, professeur de philosophie à l'Université de Rome, auteur d'une magistrale étude sur Taine que l'éditeur Germer Baillière vient de faire traduire en français et dont le monde savant a fait les plus grands éloges, m'écrit de Piancastagnaio (Siena) le 24 septembre 1905 cette lettre admirable :

« Voici mon avis : Il est toujours difficile, souvent tout à fait impossible, de pénétrer les intentions d'actes publics et solennels auxquels en sont venus, en de capitales circonstances de leur vie, des hommes d'une nature complexe et puissante comme celle de Napoléon.

« Mais si nous pensons que, dans son Testament, il s'adressait aux Français, nous devons forcément admettre que Napoléon, l'auteur du Concordat, et qui interprétait — rappelez-vous Taine — d'une façon si *latine* et si *romaine*, la mission sociale et civile de la religion, a dû choisir avec intention, en écrivant son testament, sa

---

(1) *Courrier international des Arch. et des Bibliothèques.* — Cet excellent recueil paraît chez MM. A. Picard et fils, à Paris.

(2) Ceci est tout à fait contraire au raisonnement de M. Masson. [A. L.].

phrase: *Je meurs dans la religion dans laquelle je suis né:*
Il voulait que ses expressions ne laissassent aucun doute
dans son peuple au sujet da sa constante fidelité à la
religion catholique.

« Il a voulu, *il a dû* dire que la religion dans laquelle il était né avait toujours été *sa* religion. Supposer
que le choix de cette phrase ait pu laisser pénétrer dans
quelque cerveau le soupçon que la religion de sa famille
pouvait ne pas avoir été la religion de son cœur et de son
intelligence, dans l'âge mûr, et que le Grand Testateur
ait sciemment préparé le terrain pour cette interprétation,
ce serait supposer un Napoléon bien différent du vrai
Napoléon qui, Consul et Empereur, a toujours été guidé
par de grandes idées pratiquement et romainement ci-
viles et politiques; ce serait supposer un Napoléon subtil
et théologue, capable de *réserves mentales* jésuitiques, un
Napoléon écrivant (lui qui en écrivant était d'une précision digne de César) un testament d'une forme contraire
aux buts que son testament lui-même visait. Et le prin-
cipal de ces buts était de parler au cœur de la Nation
française, de lui faire comprendre qu'en Lui et avec Lui
mourait son chef, le chef dynastique d'une nouvelle mo-
narchie appelée à la guider.

« Si vous me demandiez si, en écrivant de la sorte
son testament, et en donnant à ses paroles délibérément
l'extension et la portée du sens qu'elles devaient avoir
selon les buts civils et politiques et selon les idées qui
dirigeaient l'intelligence de Napoléon, Napoléon voulait,
dans sa pensée intime, faire des réserves d'ordre spéculatif et métaphysique, si, en d'autres mots, vous me demandiez si un Napoléon rationaliste, matérialiste, niant
tout, se cachait derrière Napoléon Auguste, je vous ré-
pondrais que cela serait une demande tout à fait diffé-
rente, et qui n'a rien à voir avec le Testament.

« L'Empereur tel qu'il est sorti de la plupart des
Mémoires qui le décrivent, de ses conversations les plus
connues etc., est, en tout cas, un Napoléon théiste, ou,

si l'on veut, déiste (1), jamais un homme qui démolit ou qui nie, certainement pas un athée.

« Je ne sais s'il faut croire aux affirmations matérialistes ou presque matérialistes, que j'ai lues, il me semble, dans des Mémoires récents sur Napoléon. Du reste, le *matérialisme* (voyez Tristley et les autres philosophes anglais du XVIIIe siècle) n'a pas toujours voulu dire *athéisme* ou négation de toute religion.

« Mais tout cela exigerait un grand développement, et vous, qui savez tant de choses, n'avez certes pas besoin d'autres explications..... ».

M. Alessandro d'Ancona, professeur à l'Université de Pise, sénateur, directeur de la *Rassegna della Letteratura italiana,* m'écrit de Massa, le 26 septembre 1905:

« Je m'empresse de répondre à ta question. J'ai eu recours à un vieux notaire du pays, qui exerce sa profession depuis quarante ans. Voici ce qu'il m'a répondu: Dans les testaments antérieurs à la Révolution française, il est rare de ne pas trouver quelque disposition de caractère ou d'ordre religieux, mais jamais une déclaration de foi. Il n'y en avait pas besoin. Après cette époque, on trouve des exemples de déclarations de ce genre, mais ils sont très rares. Ce notaire a fait plus de 500 testaments, et c'est tout au plus quatre ou cinq fois qu'il a rédigé, sous la dictée du testateur, la formule de déclaration de foi avec une phrase de ce genre: *Je meurs dans la religion catholique* (parfois aussi: *apostolique et romaine) dans laquelle* JE SUIS NÉ *et* J'AI VÉCU.

« Ce notaire ne sait rien, et il ne peut rien dire sur la différence — si toutefois elle existe — entre les formules françaises et italiennes des testaments; mais il faudrait, pour avoir une certitude là-dessus, interroger des notaires de grandes villes et parcourir des testaments de deux siècles (le XVIIIe et le XIXe) et surtout des testaments rédigés en Corse. Je ne puis rien ajouter à ces indications, qui sont bien peu de chose.

---

(1) « È, se mai, un Napoleone teista, o, se si vuole, deista... ».

« Il me semble difficile d'accepter l'explication de M. Masson, c'est-à-dire que Napoléon s'est servi des mots *je suis né* et non de la phrase *j'ai vécu* pour ne pas mentir. Je pense qu'il ne devait pas donner à cette déclaration plus d'importance qu'on n'en donne, en général, à certaines formules.

« Il est bien difficile d'affirmer que Napoléon était *croyant* ou qu'il ne l'était *pas*. Mais il ne faut pas oublier que s'il était fils du XVIII⁰ siècle, il était aussi natif d'un pays italien, où certaines idées ne pouvaient prendre racine. La religion a toujours été, pour lui, un *instrumentum regni* et si le Premier Consul l'a rétablie en France, c'est pour cette considération-là qu'il la rétablit, et non pour aucune autre; c'est ainsi qu'il n'a pas dû avoir de remords pour l'emprisonnement du Pape, comme il n'a pas dû se faire, en s'y décidant, aucun scrupule. Si je ne me trompe, Napoléon a eu pour la Religion, et surtout pour la Religion catholique, ce respect idéal qu'on doit à toute grande force sociale; voilà pourquoi il ne fut pas un athée (*un miscredente*) dans le sens commun du mot, comme tant d'autres de son temps. Mais nous n'avons aucune preuve qu'il ait été un croyant fervent.

« Le problème me semble donc bien difficile à resoudre, et cette dispute est, sous un certain aspect, inutile et oiseuse.

« Napoléon a été ce qu'il a été, c'est-à-dire un homme qui croyait surtout en soi-même et dans l'énergie de ses propres forces intellectuelles et morales. Tant que tout lui alla bien, il a dû se croire, aussi, l'instrument de cette Puissance, quel que soit le nom qu'on Lui donne, qui régit les choses humaines et les évènements de l'histoire du Monde..... ».

Un membre de l'Académie Royale de Turin, le baron Antonio Manno, célèbre bibliographe piémontais, collaborateur du marquis Costa de Beauregard pour son *Histoire de Charles-Albert*, m'écrit de Villanova Solaro, le 29 septembre 1905:

« .....La vraie formule traditionnelle des testateurs

est “je meurs dans la religion dans laquelle je suis *né* et j'ai *vécu* „, mais j'ai vu beaucoup d'exemples de la formule abrégée “ dans laquelle *j'ai vécu* „ (1).

« Je ne vois donc pas, dans la rédaction de la phrase du testament de Napoléon, quelque chose d'intentionnel comme le voit le subtil et profond critique dont vous me parlez.

« Je ne crois pas beaucoup à la *foi religieuse* de Napoléon..... (2).

Le fils du célèbre historien Alfred Rambaud membre de l'Institut et ancien Ministre de l'Instruction publique, a bien voulu organiser un *referendum* à mon intention; il m'écrit de Nancy le 1ᵉʳ octobre 1905 que ce *referendum* ne lui a donné que des réponses contradictoires. La majorité est d'avis que la phrase *je suis né* est intentionnelle. D'autres, dont M. Alfred Rambaud, « croient que Napoléon devait en somme être, vaguement au moins, croyant (Être Suprême ou croyance analogue) et que le choix de la phrase *je suis né* n'a donc pas grande importance (3) ».

L'auteur de *1814* et de *1815*, M. Henry Houssaye, de l'Académie française, est tout à fait d'accord avec le très regretté ancien ministre Rambaud: il m'écrit de Paris, le 7 octobre 1905:

« La phrase de Napoléon, *Je meurs dans la religion*

---

(1) Napoléon n'a pas supprimé la première partie, « *dans laquelle je suis né* »; il a supprimé la seconde, « *dans laquelle j'ai vécu* ». [A. L.].

(2) En tout cas, s'il n'avait pas beaucoup de « science des religions » il en avait la curiosité. Dans son journal de 1815, Sir George Bingham écrit le dimanche 13 août: « Le chapelain dînait avec l'amiral [à bord du « *Northumberland* »]. Napoléon fit quantité de questions relatives à la religion réformée. Il ne fit pas preuve de grandes connaissances touchant les doctrines de notre Eglise on l'histoire d'Angleterre à l'époque de la Réformation » [Trad. de B.-H. Gausseron, Paris, Plon éd., 1904, *Revue hebdomadaire*).

(3) M. Alfred Rambaud est mort quelques semaines après M. Gebhart, de l'Académie française, a fait son éloge en octobre 1906 à la *Séance solennelle des Cinq Académies* au Palais de l'Institut. Son ami, M. Lavisse, lui a dédié un très bel article nécrologique dans la *Revue de Paris*. C'est un Essai à la Macaulay.

dans laquelle je suis né? Mais je crois qu'il a dit tout simplement, sans réticence ni arrière-pensée, ce qu'il a voulu dire, à savoir qu'il mourait dans la religion où il était né. Remarquez que cette façon de s'exprimer est la première qui vienne à la pensée. Ainsi, je dirais, moi, et tout le monde: *Je suis né Français, je mourrai Français,* — et non pas: *J'ai vécu Français, je mourrai Français.*

« Et d'ailleurs peut-on dire que le restaurateur du Culte catholique n'avait pas *vécu* (sauf pendant la Révolution) dans la religion catholique? ».

Monsieur Claretie, membre de l'Académie française et directeur de la Comédie française, répond spirituellement, le 8 octobre 1905:

« Cher confrère, Napoléon était-il ou n'était-il pas croyant? Vous me demandez beaucoup.

« Ce qu'il y a de certain c'est qu'il croyait en son étoile. Il croyait en LUI-MÊME. C'est une foi ».

Le grand et regretté historien de l'*Europe et la Révolution française,* M. Albert Sorel, de l'Académie Française et de l'Académie des Sciences morales et politiques, a été le seul historien qui fût, parmi ceux consultés par la *Revue Napoléonienne,* de l'avis de M. Masson (1).

Il nous a écrit en effet de Honfleur (Calvados) le 10 octobre 1905:

« Je ne me suis pas occupé d'assez près de la "religion„ de Napoléon pour vous répondre avec une précision suffisante. — Ce sont d'ailleurs des secrets de conscience où je ne me hasarde pas.

« Ce que je puis vous dire c'est que Napoléon qui écrivait toujours avec intention, a eu, pour moi, très nettement l'intention de dire ce qu'il a dit avec une parfaite netteté dans son Testament: « Je meurs dans la religion dans laquelle *je suis né* ». C'est le fait qui est incontestable en ce qui concerne sa naissance, et c'est aussi le fait incontestable en ce qui concerne sa mort.

(1) M. Sorel est mort en 1906.

Dans l'entre-deux, sa vie, il faut, si l'on veut en juger, reprendre une à une ses paroles et un à un ses actes, et se dire en outre, que ces actes ayant toujours été des actes d'État, et ses paroles, presque toujours des raisons d'Etat, ni les paroles ni les actes ne nous permettent de conjecturer, avec des chances de certitude, le sentiment intime et l'intention profonde.

« Je me rapproche beaucoup, vous le voyez, de l'interprétation de mon ami Masson qui est, à mon sens, celui qui a scruté ces choses-là le plus profondément ».

M. A. Aulard, professeur d'Histoire de la Révolution à la Sorbonne, directeur de *La Révolution française*, ne croit pas qu'on puisse soutenir que Napoléon était « croyant ». Il écrit à propos du livre *Le Pape et l'Empereur* publié chez Plon en 1905 par M. Henry Welschinger que « bien « faible est l'argumentation de M. Welschinger quand il « veut prouver (pages 447 et 448) que Napoléon était « *croyant* à son lit de mort. Il ne voit pas que les faits « mêmes qu'il allègue montrent seulement que, dans un « intérêt dynastique, Napoléon ne voulait pas qu'on pût « dire qu'il était mort hors de l'Eglise catholique ».

Ce passage de M. Aulard (*La Révolution française* du 14 octobre 1905) m'a poussé à lui demander son opinion sur la question dont nous nous occupons. Il m'a fait l'honneur de me répondre le 23 octobre:

« Monsieur, sur cette question, je prendrai la liberté de vous renvoyer à la page 733 de mon *Histoire politique de la Révolution,* où j'ai indiqué toute ma pensée:

« L'Etat était libre et maître. Pourquoi donc Bona- « parte renonça-t-il à un régime si favorable à l'État..... « pourquoi rendit il à l'Eglise son ancienne prépondé- « rance? Est-ce parce qu'il y avait un mouvement d'o- « pinion en faveur d'un Concordat? Tout au contraire. « .....Personne ne demandait un Concordat.

« Est-ce que Bonaparte, né Corse et catholique, voulut « par piété favoriser l'Eglise romaine? Rien n'indique qu'il « ait jamais eu ce qu'on appelle la foi. Plusieurs de ses « actes le montrent indifférent en matière religieuse. En

« Egypte, il avait honoré la religion musulmane, comme
« s'il était musulman lui-même. Marié civilement, il ne
« se résigna à conclure un mariage religieux qu'à la veille
« de son Sacre et parce qu'il le fallait pour être sacré.
« S'il assiste à la messe, il refuse de pratiquer. Même à
« la conclusion du Concordat, il ne voulait qu'un *Te Deum*.
« Roederer nous apprend qu'il fallut l'insistance de Por-
« talis et de Cambacérès pour le décider à une messe,
« et qu'ils ne purent le décider à baiser la patène. Il ne
« se confesse pas, il ne communie pas, même (semble-t-il) à
« l'article de la mort (cfr. A. Guillois, *Napoléon, l'homme,*
« *le politique, l'orateur,* t. I, p. 295) (1) et son testament
« indique seulement qu'il mourut dans sa religion natale (2).

« Impénétrable à l'esprit religieux, incapable même
« d'envisager la religion au point de vue de la conscience,
« il disait devant Pelet (de la Lozère): "Quant à moi, je
« ne vois pas dans la religion le mystère de l'incarnation,
« mais le mystère de l'ordre social; elle rattache au ciel une
« idée d'égalité qui empêche que le riche ne soit massacré
« par le pauvre. La religion est encore une sorte d'inocu-
« lation ou de vaccine qui, en satisfaisant notre amour du
« merveilleux nous garantit des charlatans et des sorciers:
« les prêtres valent mieux que les Cagliostro, les Kant et
« tous les rêveurs d'Allemagne„ (*Pelet,* Opinions de Na-
« poléon, 223). Il disait de même à Roederer: "La société ne
« peut exister sans l'inégalité des fortunes, et l'inegalité
« des fortunes ne peut subsister sans la religion. Quand
« un homme meurt de faim à côté d'un autre qui re-
« gorge, il lui est impossible d'accéder à cette différence,
« s'il n'y a pas là une autorité qui lui dise: Dieu le veut
« ainsi: il faut qu'il y ait des pauvres et des riches dans
« le monde; mais ensuite, et pendant l'éternité, le par-
« tage se fera autrement„ (Conversation à la Malmaison,
« 30 therm. an VIII, *Œuvres de Roederer,* III, 335).

(1) Ceci est contredit par Vignali, et par tous les récits authentiques
de la mort de Napoléon. [A. L.].

(2) Il faut noter que cette observation de M. Aulard précède de trois
ans celle analogue de M. Masson; Aulard écrit en 1902, Masson en 1905. [A. L.].

« En causant avec Bonaparte, au moment des négo-
« ciations pour le Concordat, Grégoire fut scandalisé de
« voir qu'il voulait une religion, non pour lui et pour
« les siens, mais pour le peuple, " servantes, cordonniers „
« (d'après des notes manuscrites de Grégoire, dont
« M. Gazier, qui les possède, a bien voulu me commu-
« niquer quelques extraits).

   « Si donc, après avoir présidé au régime de la Sépa-
« ration, avec un tact et un succès admirables, il en vint
« à désirer, à effectuer la réunion avec Rome, à conclure
« un Concordat, ce ne fut point par piété, mais dans la vue
« de commander par le pape aux consciences, pour réaliser
« par le pape ses rêves d'empire et d'empire universel... ».

   Lord Rosebery, l'auteur de Napoléon et *his last phase*,
est le seul qui ne sache ce qu'il doit penser: il m'écrit de
Rosebery (Gorebridge, Midlothian) le 11 octobre 1905:

   « Vous m'adressez une question à laquelle je ne saurai
[*sic*] vous répondre, à moins d'écrire une brochure; et
même alors ca [*sic*] serait une brochure sans conviction ».

   Lord Rosebery se calomnie sans doute: il ne saurait
écrire une brochure sans être convaincu de ce qu'il dit.
Sa piteuse lettre est bien digne, du reste, de l'ouvrage
si vide et si décousu où le ministre de la Reine Victoria
nous a décrit après tant d'autres l'exil de Napoléon à
Sainte-Hélène.

   M. Emilio Teza, l'éminent professeur de Padoue,
m'écrit le 14 octobre 1905:

   « ..... Quant à moi, j'aime trop, *peut-être*, le *Peut-être;*
mais cette fois il me semble de pouvoir vous répondre
sans hésitation. La formule de Bonaparte, *Je meurs dans
la religion dans laquelle je suis né*, est une formule très
commune dans nos testaments italiens du XIXe siècle, et
je crois qu'elle continuera à être commune dans le XXe.
C'est une conscience qui veut certifier d'avoir été im-
muable: Tel que m'ont voulu mes parents, tel je me veux
moi-même, au moment de mourir. — Personne ne pense à
des doutes nés pendant l'existence, nourris ou combattus,
affaiblis ou vaincus.

« Napoléon Bonaparte dit: *J'ai toujours été catholique:*
et je crois à ce qu'il dit: il n'était pas homme à disputes
théologiques, dans son cerveau: il baisait le manteau de
cette puissante reine des *idéologies,* et il se contentait
de cela..... ».

Un avocat doublé d'un penseur, M. Attilio Boschi-
Hüber, m'a fait observer, un jour, à Milan (1) qu'il faut
noter que Napoléon ne s'est pas servi de la phrase *Je
meurs comme je suis né.* Cette phrase eût été moins naturelle, en effet, que l'autre: *Je meurs comme j'ai vécu.*
Mais comme Napoléon s'est servi de la phrase courante
et habituelle des testateurs: *Je meurs dans la religion dans
laquelle je suis né,* on peut appliquer à cette seconde tournure le raisonnement contraire à celui précédent, et déclarer que la locution du Testament napoléonien est plus
naturelle que l'autre *je meurs dans la religion dans laquelle j'ai vécu.* Cette expression eût laissé supposer, en
effet, qu'il avait vécu dans une religion dans laquelle il
n'était pas né.

Cette observation est d'une finesse et d'une originalité qui n'échapperont à aucun de nos lecteurs.

L'éditeur des Lettres de Napoléon à l'île d'Elbe et
des Mémoires de Pons de l'Hérault, M. L.-G. Pélissier,
doyen de la faculté de Montpellier, m'écrit le 2 octobre
1905:

« .....Je vous disais en septembre que loin de mes
bouquins je ne pouvais guère répondre pertinemment à
votre demande sur les sentiments religieux de Napoléon,
et que j'étudierais la question à Montpellier, dès mon
retour..... Et me voilà. Eh bien, je ne suis pas plus avancé
qu'avant, après avoir relu un certain nombre d'opinions
et de documents. Il me semble ressortir de la vie de Napoléon qu'il a cessé de pratiquer, naturellement et de
croire, pendant plusieurs années, pendant sa jeunesse et
en Egypte. Il y a une lettre à Kléber ou à Menou, où
il dit: « Ne nous laissons pas confondre *avec les Chrétiens* »,

(1) Le 18 octobre 1905.

qui semble indiquer son détachement. Mais c'était peut-être de la politique, direz-vous. C'est vrai. Dans tous ses rapports avec les "grosses légumes „ du Clergé, pendant le Concordat et même avec Pie VII, il est tout-à-fait *laïque*. Maintenant quelle est la part de sincérité et de comédie dans tout cela ?

« Il ne paraît pas agir en bien bon catholique dans l'affaire de son divorce, dans la..... prise de possession de Marie-Louise (rappelez-vous sa question au Cardinal Fesch)(1); il tenta de se suicider en 1814, à Fontainebleau (2).

« Tout cela est assez difficile à concilier avec une *croyance* très-profonde. Je crois donc qu'en disant : *Je meurs catholique* il dit simplement *je meurs catholique* et non pas *j'ai vécu.*

« Maintenant je ne mettrais pas en valeur le mot "je suis *né*„ par opposition à "j'ai *vécu* „ (3); il ne faut pas peut-être détacher *je suis né* de *il y a plus de cinquante ans.* Il n'a pas mis de virgule entre *né* et *il y a plus.*

« Sa phrase veut dire peut-être tout simplement : *Je meurs dans la religion apostolique, agé de plus de cinquante ans.* Remarquez qu'il n'a pas trop réfléchi ni trop pesé les mots avant d'écrire (4), puisqu'il a oublié le mot *ca-*

(1) Louis XV avait désigné le château de la Muette (appartenant aujourd'hui au comte de Franqueville, membre de l'Institut) à Marie-Antoinette pour passer la journée qui devait précéder la célébration solennelle de son mariage. *C'est là qu'elle coucha*, dit le Journal de VERDUN, *pour obéir aux lois de l'Eglise et ne pas habiter sous le même toit que son futur époux.* [A. L.].

(2) Et tout jeune, il était tenté de se tuer (voir les documents Libri publiés par BIAGI et MASSON, *Napoléon inconnu*) : «Puisque je commence à éprouver des malheurs, que rien n'est plaisir pour moi, pourquoi supporterais-je des jours où rien ne me prospère?». Chateaubriand dit que «le fond et le tour de ces idées se trouvent dans Rousseau, dont Bonaparte aura altéré le texte». Tout de même, le fait d'avoir imité ce passage avec complaisance est déjà bien significatif. [A. L.].

(3) Comme l'a fait M. Masson. [A. L.].

(4) L'observation de M. PÉLISSIER est très-juste; M. MASSON a eu tort d'affirmer, en parlant de cette phrase du Testament, que «chaque mot a été pesé, chaque paragraphe renferme un monde de pensées; sa doctrine

tholique après *religion,* et cependant dans une formule consacrée. Est-ce qu'il n'y a pas des formules italiennes où l'on dit *nato da più di 50 anni* au lieu de *in età di 50 anni?...* (1). Peut-être est-ce une formule analogue qu'il a inconsciemment traduite et amalgamée par la transition « je meurs dans la religion apostolique et romaine *dans le sein de laquelle* etc. » assez lourde et gauche, avec la formule précédente. Vous italien vous saurez si mon hypothèse est fondée (2). Toujours est-il, quoiqu'il en soit, que je suis bien de l'avis de Masson, c'est-à-dire que je m'en tiens *au sens littéral* du texte, sans chercher à y introduire des raffinements de subtilité auxquels Napoléon n'a probablement pas pensé. Il n'a pas je crois voulu éviter de dire *je n'y ai pas vécu* (3); il a employé des formules courantes pour dire une chose courante: "*j'y suis né, j'y meurs;* quant à y avoir vécu, j'y ai vécu comme tout le monde, sans m'en embarrasser, mais en mourant, je m'y retrouve „. Et ce faisant, il faisait comme la plupart des hommes de son temps. Croyez-vous que Louis XV n'eût pas pu écrire la même phrase, ou Louis XVIII ou bien d'autres?..... ».

M. Léon Bloy, l'auteur du *Fils de Louis XVI,* l'ami de Barbey d'Aurevilly (dont il a publié les lettres), a écrit dans ses *Quatre ans de Captivité* (1905, p. 337), en parlant de Napoléon, ces mots: « Quelle immense et magnifique satiété des hommes et des choses, en cet être inexpli-

entière est là... ». Et si M. Sorel a eu raison de soutenir que « Napoléon écrivait toujours avec intention », il est peut-être allé un peu loin en appliquant aussi cette théorie à la phrase en question. [A. L.].

(1) Oui: Napoléon a pensé en italien. Sa phrase a une tournure italienne. Elle rappelle le titre d'un des livres de Mamiani: *Parigi or fa cinquant'anni.* [A. L.].

(2) Je suis tout à fait d'accord avec mon éminent confrère et cher collaborateur. [A. L.].

(3) Puisque M. Pélissier pense que Napoléon « n'a pas trop réfléchi ni trop pesé les mots » et puisqu'il croit « qu'il n'a pas voulu éviter de dire qu'il n'a pas *vécu* dans la religion dans laquelle il est né », il n'est d'accord en rien, au fond, avec M. Masson. [A. L.].

cable qui ne connaissait pas Dieu et qui mourut, dit-on, sans le connaître ». Cette opinion est nette. Je la crois inexacte. En tout cas M. Bloy reviendra sur ce point en un prochain article: « Je répondrai de mon mieux à votre question » m'écrit-il en effet le premier novembre 1905, « dans un article assez étendu sur le *Napoléon bibliophile* de Gustave Mouravit, ouvrage intéressant qui vient de paraître chez Blaizot. Cet article est destiné au *Mercure de France* ».

Veut-on connaître l'opinion d'un poète, bien connu des lecteurs du *Mercure de France* que nous venons précisément de citer, d'un homme qui aime au fond l'art et la littérature, les poètes avant tout, et qui déclare avec complaisance « Je ne suis pas un érudit » tout en sachant beaucoup de choses que les érudits ignorent? C'est de M. André Fontainas qu'il s'agit (1). Il m'écrit le premier novembre 1905: « Napoléon croyant ou non? Ma foi! la question ne m'avait jamais préoccupé. Je n'en sais rien. Il me semble qu'en tant que politique, Napoléon voyait dans l'Eglise organisée un excellent instrument de domination, qu'il a voulu s'asservir.

« Quant à ses sentiments intimes, je ne sais; et évidemment s'il n'existe pas d'autre indice que la phrase que vous me citez de son Testament, toute interprétation en est loisible ».

L'historien et l'homme de lettres allemand qui a le plus et le mieux étudié « l'âme » de Napoléon, et qui place Bonaparte et Byron au-dessus de tous les grands hommes du XIXe siècle, M. Carl Bleibtreu, m'écrit le même jour:

« J'interprète de la même façon que Chuquet la phrase napoléonienne que vous me citez, mais *croyant* dans le sens de *catholique*, Napoléon ne l'était certainement pas; il l'était plutôt dans le sens de *déiste* ».

(1) M. Fontainas vient de publier (*Mercure de France* éd., Paris, 1906) un livre sur l'*Art français au XIX siècle* contenant des pages très importantes sur la période napoléonienne.

Il me semble qu'on ne saurait mieux dire en si peu de mots.

Il faut que ce soit M. Masson qui ait dans ce débat le dernier mot comme il a eu le premier mot. Un mois après son article du 12 septembre 1905, il a publié, toujours sous le même titre *Napoléon était-il croyant?* un second article (1) qui contient pas mal de révélations: les *empoisonnements et les exils* ordonnés par Napoléon, la *supériorité incontestable du Général Radet sur le Général Cadorna* (aimable expression!), et *les crimes de Victor-Emmanuel II.....*

A part ces nouveautés tout à fait inédites, l'article de M. Masson n'apprend rien de nouveau. On ne saurait contester sérieusement que pour Napoléon la religion catholique était la religion de l'État (2), et qu'il n'a jamais oublié, comme chef de l'État, de poser ce principe. M. Masson a donc tort de prendre au sérieux ceux qui contestent *le catholicisme de Napoléon Empereur.*

On peut se quereller au sujet de *Napoléon pratiquant;* toute discussion sur *l'Empereur Napoléon catholique* est oiseuse.

Tout de même, voici la prose de M. Masson:

« En posant cette question: *Napoléon était-il croyant?* et en répondant affirmativement, je ne doutais point que je ne rencontrasse des contradicteurs. Non qu'ils aient pris la peine ou qu'ils aient trouvé opportun de discuter cette thèse ou de contester les éléments dont elle est formée, mais ils ont opposé à la foi présumée de Napoléon la conduite qu'il a tenue à l'égard des ministres de la religion catholique, du Pape et de quelques prêtres. Ils ont rappelé les empoisonnements [*sic!*], les exils et les déportations et en ont tiré argument. Ce sont des faits d'ordre étrangement différent, et de ce que le chef du gouvernement italien, de ce que le roi d'Italie a pris contre un

____

(1) *Gaulois* du 10 octobre 1905. [A. L.].

(2) Voir le 1ᵉʳ art. du *Statuto* italien: « La Religione Cattolica Apostolica Romana è la Religione dello Stato. Le altre Religioni sono tollerate ». [A. L.].

certain nombre de ses sujets des mesures de police, telles que de les enfermer à Fenestrelle ou de les interner en Corse ou à Cabrera, il ne résulte pas nécessairement contre lui une présomption d'incrédulité.

« Si le Pape, les cardinaux, les évêques, les prêtres, les moines avaient été emprisonnés, exilés ou déportés parce qu'ils auraient refusé leur adhésion à tel dogme que l'Empereur eût imaginé, à telle règle de discipline qu'il eût voulu imposer, l'argument porterait, mais il ne s'agit de rien de tel; Napoléon ne s'est jamais mêlé de réformer le dogme: tel il en a reçu de la tradition de sa mère et de ses maîtres, le curé de Brienne et l'aumônier de l'École militaire, tel il en a requis l'enseignement par le catéchisme de l'Empire français, approuvé par le cardinal - légat. Lorsque, sur certains points de discipline qui importaient essentiellement à la tranquillité de ses États, il a prétendu obtenir quelques tempéraments, il s'est adressé à la seule autorité qui, à défaut du Pape, pût y apporter une modération: au Concile national. Encore a-t-il préalablement fait demander l'assentiment du Pape, postérieurement fait-il solliciter son approbation.

« Il n'y a pas eu, sous l'Empire, de question religieuse: il y a eu une question romaine et il y a eu une question impériale.

« La question romaine est la même qu'on vit renaître un demi-siècle après Napoléon et qui reçut alors une solution qu'on peut dire italienne, de nature à inquiéter tout catholique non italien [!!] et à inspirer à tout gouvernement qui, en France, aurait conscience de sa responsabilité, des craintes chaque jour accrues.

« Entre les deux annexions des États pontificaux, il est une différence capitale. Lors de l'annexion récente, l'Italie était en paix avec toute l'Europe, et elle marcha sur Rome pour donner satisfaction aux passions révolutionnaires et, si l'on veut [sic !], aux aspirations unitaires; lors de l'annexion de 1810, l'Empire était en guerre avec toute l'Europe, et il s'empara de Rome parce que la défense nationale lui en faisait une obligation stricte.

« Alors, l'Empereur n'avait plus une flotte, ni même une escadre à mettre en mer, et les Anglais, occupant Malte, la Sicile et l'Espagne, ayant à leur disposition les ports de la Sardaigne, tenaient la Méditerranée entière et, sur tel point qu'ils choisiraient, pouvaient débarquer leurs propres troupes, ou celles de leurs alliés. Rome, à tout moment, pouvait tomber aux mains des Anglais, des Siciliens ou des Russes. En ce cas, l'Italie était coupée en deux: le royaume de Naples se trouvait en péril avec l'armée française qui l'occupait; le grand-duché de Toscane n'était pas défendable. Sur les derrières d'une armée française marchant sur Vienne, une diversion se produisait qui, trouvant en Italie des éléments de sédition, pouvait culbuter le système français.

« Le Pape alléguait qu'il était neutre: l'était-il? Un Etat n'a que deux façons d'être neutre: être proclamé tel par les belligérants qui s'engagent à respecter son territoire, ou être en forces suffisantes pour s'opposer à toute violation de sa neutralité. Tel n'était point le cas: ni la neutralité des Etats pontificaux n'avait été proclamée par les belligérants, ni le Pape n'était en état de repousser une invasion d'où qu'elle vînt.

« Le Pape avait-il, du consentement antérieur des puissances européennes, une possession de neutralité? Il n'en est pas trace dans l'histoire; et, en tous cas, il avait depuis quinze ans renoncé au bénéfice de cette neutralité. Pie VI avait pris une part effective à la formation de la première coalition. Il avait rendu cette coopération publique, il l'avait avouée par l'article II du traité conclu à Tolentino le 1er ventôse, an VI: " Le Pape ,, y était-il dit, " révoque toute adhésion, consentement et accession, patentes ou secrètes, par lui données à la coalition armée contre la république française, à tout traité d'alliance, offensive ou défensive, avec quelque puissance ou Etat que ce soit ,,. Il révoquait; donc il avait donné à la coalition adhésion, consentement et accession.

« Depuis, la neutralité du Pape n'avait pas été plus réelle. Si le souverain des Etats pontificaux n'avait point officiellement pris parti contre la France, son attitude en 1805 était devenue formellement hostile et, au moment où l'armée française, aux prises avec les Autrichiens, passait pour être en péril, et où le débarquement à Naples de 84,000 Anglo-Russes mettait en feu toutes les têtes italiennes, il avait adressé à l'Empereur une sorte d'ultimatum auquel on ne pouvait guère répondre que par l'état de guerre.

« De fait, l'état de guerre exista entre la cour de Rome et la cour de Paris de 1806 à 1810, parce qu'il était matériellement impossible qu'il en fût autrement, dès que l'Italie était virtuellement unifiée et que les divers Etats dont elle se trouvait composée étaient — sauf un — régis par un même système administratif, judiciaire, économique et militaire, obéissaient — sauf un — à la même impulsion politique et que, par le fait seul de cette discordance, l'œuvre entière était compromise, le blocus continental illusoire et la défense de l'Empire problématique.

« L'Empereur dut occuper Rome (1). A ce moment de la campagne de 1809 où, à Essling, il n'échappa que par miracle à un désastre, où toutes les conquêtes par là se fussent trouvées remises en jeu, où l'on entendit en Allemagne les premiers craquements préliminaires de l'écroulement, en Italie, où Eugène venait d'être battu, où l'on était obligé de tout mettre en mouvement pour renforcer la Grande Armée, la situation n'était guère meilleure; l'esprit public était excité par les prêtres mécontents; on attendait à tout instant — le redoutant ou le souhaitant — un débarquement des Anglais. Le Pape, peut-être involontairement, se trouvait le prétexte et l'oc-

(1) Qu'on se rappelle la phrase de CHATEAUBRIAND : « La détention du Pape et la réunion des Etats de l'Eglise à la France, n'était que le caprice de la tyrannie par lequel il perdit l'avantage de passer pour le restaurateur de la religion... » (Jugement sur Bonaparte, dans les *Mém. d'Outre-Tombe*, où ce jugement se trouve placé — sans qu'on puisse deviner pourquoi — *avant* le départ de Napoléon pour Sainte-Hélène). [A. L.].

casion des intrigues, des révoltes, des attentats individuels contre nos soldats: Pie VII fut enlevé de son palais, mené d'Italie en France, puis, sur des ordres de l'Empereur, ramené à Savone.

« Cet enlèvement, Napoléon l'avait-il ou non formellement ordonné, peu importe: il en accepta et en prit la responsabilité; elle lui incombe. Certes, "l'escalade„ du Quirinal fut menée un peu rudement et Radet, gendarme à poigne, eût pu montrer des formes plus courtoises, mais pas une goutte de sang ne fut versée: jadis, les envoyés du Roi Catholique, de la Sacrée Majesté Impériale, l'Empereur Charles-Quint, avaient été singulièrement plus rudes, le Pape en avait porté les marques et, grâce à Jacopo Bonaparte, qui en écrivit l'histoire, l'on a assez de lumières sur le sac de Rome pour savoir que l'opération de police fut plus que rude: il y a trente-cinq ans tout juste, lorsque les ambassadeurs du Roi galant homme pénétrèrent dans la Rome de Pie IX par la brèche de Porta-Pia, ce fut en franchissant des cadavres amoncelés — cadavres français dont les restes manquent au glorieux ossuaire de Loigny. *Radet vaut mieux encore que Bourbon et que Cadorna,* mais tout autre est *le crime* venant de Napoléon, de Charles-Quint ou *de Victor-Emanuel 11* [!!].

« L'Empereur, bien ou mal, avait gagné le but qu'il s'était proposé: il avait résolu la question romaine; il avait pourvu à la défense de l'Empire.

« Si, par la suite, il dut employer des mesures de rigueur contre divers cardinaux et plusieurs prêtres, ce ne fut ni à cause de ce qu'ils croyaient ou professaient en matière de dogme, ni parce qu'ils avaient adopté tel rite dans l'exercice du culte, mais parce qu'ils avaient médité ou accompli des actes d'opposition à sa souveraineté, s'exerçant dans les limites fixées à l'autorité civile par le Concordat. Ces prêtres furent frappés quoique prêtres et parce que rebelles.

« A côté de la question italienne s'élève sans doute une question impériale, mais qui ne motiva ni persécutions, ni emprisonnements, ni exils, ni déportations.

L'Empereur chercha à amener le Pape à y donner volontairement, spontanément même, la solution qu'il souhaitait. C'était là son droit; de même que le Pape avait le droit, dont il usa, de refuser. Le Pape, évêque de Paris en même temps que de Rome, résidant à Paris dans un quartier privilégié, entouré de sa Cour, de ses administrations, du corps diplomatique accrédité près de sa personne, pourvoyant en pleine liberté au gouvernement de l'Eglise universelle, eût-il été plus ou moins subordonné à l'Empereur que si Napoléon, transférant à Rome la capitale de son Empire, et résidant au Quirinal, palais impérial, avait simplement laissé au Pape la jouissance du Vatican ?

« Ces conditions sont actuellement réalisées. Or, si, au spirituel, le Pape est considéré et se considère comme libre, si son autorité, singulièrement accrue par le concile de 1870, n'est pas contestée, si ses actes ne sont point invalidés par la présence du roi d'Italie au Quirinal, pourquoi, à l'archevêché de Paris, dans la Cité exterritorialisée, Pie VII eût-il été moins indépendant que ne l'est Pie X au Vatican ?

« Il y a même quelque différence: le grand Empire dont Napoléon était le chef, dont la capitale était Paris, comprenait la France, l'Italie, l'Allemagne, la Suisse, les Pays-Bas autrichiens, la Hollande, la Pologne, l'Espagne, les côtes de l'Adriatique — soit les neuf dixièmes des catholiques européens; l'Empereur était traditionnellement et authentiquement reconnu comme le protecteur de toutes les communautés catholiques existant en Orient et en Extrême-Orient: le Pape résidant à Paris, capitale du grand Empire, ne pouvait être enclin ni à favoriser telle nation au détriment de telle autre, ni à subir des influences locales, puisque l'Empire était universel. Qui peut contester que la solution était préférable? ».

Monsieur Masson sent incontestablement la grandeur de Paris (1); il sent à sa façon celle de Napoléon; il ne

(1) M. Masson est un vrai parisien. Il est allé à Rome (où nous l'avons connu en 1894), mais cela ne l'a pas empêché d'écrire le 3 août 1905 à un de

sent certainement pas la grandeur de *Roma caput mundi*...
Il ne peut pas comprendre que *déiste* ne veut pas dire
croyant catholique; pour lui, un homme qui est *catholique
à sa naissance* et qui *croit à Dieu dans sa vie* est forcément un *croyant catholique.* Ce qui est loin d'être vrai.

Napoléon s'est chargé de répondre lui-même d'a-
vance à M. Masson:

En 1818, à Sainte-Hélène, à mesure que l'ennui et
l'inaction détruisant sa santé il voyait la mort s'approcher, il s'entretenait plus fréquemment de philosophie
et de religion :

« Dieu » disait-il, « est partout visible dans l'univers,
« et bien aveugles ou bien faibles sont les yeux qui ne
« l'aperçoivent pas. Pour moi, je le vois dans la nature
« entière, je me sens sous sa main toute-puissante, et je
« ne cherche pas à douter de son existence, car je n'en
« ai pas peur. Je crois qu'il est aussi indulgent qu'il est
« grand, et je suis convaincu que revenus dans son vaste
« sein nous y trouverons confirmés tous les pressentiments
« de la conscience humaine, et que là sera bien ou sera
« mal, ce que les esprits vraiment éclairés ont déclaré
« bien ou mal sur la terre. Je mets de côté les erreurs
« des peuples, qu'on peut reconnaître à ce trait que
« l'erreur de l'un n'est jamais celle de l'autre; ce que
« les grands esprits DE TOUTES LES NATIONS auront dé-
« claré bon ou mauvais restera tel dans le sein de Dieu.
« Je n'ai point de doutes à cet égard, et malgré mes
« fautes je m'approche tranquillement de la Souveraine

nos confrères qui lui a demandé quel était son plus joli souvenir de voyage :
« Mon cher confrère. Je souhaiterais bien pouvoir vous conter *mon plus
joli souvenir de voyage;* cela me prouverait d'abord que j'ai eu plaisir à
voyager, ensuite que j'ai gardé une certaine reconnaissance aux voyages,
dits d'agrément; mais je ne voyage pas, au moins je m'abstiens soigneusement des voyages trouvant la cuisine mauvaise et les lits pires. Ce pourquoi,
mon plus joli souvenir de voyage, c'est celui du bruit que faisaient les
roues des wagons sur les plaques tournantes à la rentrée en gare de Paris.
Et comme il n'y a plus de plaques tournantes, je ne voyage plus du tout.
FRÉDÉRIC MASSON ».

« Justice. JE SUIS MOINS SÛR DE MON FAIT LORSQUE
« J'ENTRE DANS LE DOMAINE DES RELIGIONS POSITIVES.
« Là je rencontre à chaque pas la main de l'homme, et
« souvent elle m'offusque et me choque... Mais il faut
« ne pas céder à ce sentiment, dans lequel il entre
« beaucoup d'orgueil humain. Si, en mettant de côté les
« traditions nationales, DONT TOUS LES PEUPLES ONT
« COMPLIQUÉ LA RELIGION, on y trouve la notion de Dieu,
« la notion du bien et du mal fortement professées, c'est
« l'essentiel.... ».

Et après avoir declaré que " même dans les mosquées
il avait trouvé du respectable „, l'exilé de Sainte-Hélène
poursuivit :

« Toute religion qui n'est pas barbare a droit à nos
« respects, et nous chrétiens nous avons l'avantage d'en
« avoir une qui est puisée aux sources de la morale la
« plus pure. S'il faut les respecter toutes, nous avons
« bien plus de raisons de respecter la nôtre, et chacun
« d'ailleurs doit vivre et mourir dans celle où sa mère
« lui a enseigné à adorer Dieu. La religion est une
« partie de la destinée. Elle forme avec le sol, les lois,
« les mœurs, ce tout sacré qu'on appelle la Patrie, et
« qu'il ne faut jamais déserter ».

Ces mots de Napoléon : *Chacun doit vivre et mourir
dans la religion où sa mère lui a enseigné à adorer Dieu*
prouvent qu'il pensait de lui-même (quand il écrivait
*je meurs dans la religion dans le sein de laquelle je suis
né*) qu'il AVAIT **VÉCU** ET QU'IL **MOURAIT** DANS LA RELI-
GION OÙ SA MÈRE LUI AVAIT ENSEIGNÉ À ADORER DIEU.

M. Masson a beau nous dire, dans sa préface à la
deuxième série de *Jadis* (1) que " l'idée de Napoléon
n'est point de celles qu'on prend et qu'on quitte „, et
qu'il aurait devant lui " autant d'années à vivre qu'il
en a vécues, qu'il n'en distrairait point une journée
pour d'autres études „, il nous est permis de croire que
tout en l'ayant étudié pour trente ans, M. Masson ne

(1) Paris, Ollendorff, 1906, 1 vol. in-18.

comprend pas toujours l'Empereur et sa pensée. Son interprétation de la phrase du Testament où Napoléon parle de ses croyances est tout à fait fausse. Les paroles de Napoléon avant Sainte-Hélène et à Sainte-Hélène prouvent qu'il ne pouvait vouloir dire que ce que tous les catholiques disent dans leur testament quand ils parlent de leur foi religieuse, et que Napoléon n'a rien omis intentionnellement comme le croit M. Masson: l'étude des théories et des doctrines de Napoléon nous permet enfin d'établir qu'il n'était pas le *catholique croyant* que voit en lui M. Masson, mais un *déiste* pour qui *Dieu est partout visible dans l'univers*, et qui n'a été *catholique* que parce que pour un Souverain *français* la religion catholique apostolique romaine *forme avec le sol, les lois, les mœurs, ce tout sacré qu'on appelle Patrie* (1)... *C'est la religion la plus vénérable du genre humain: pour des Français et des Italiens c'est leur religion nationale* (2).

Dinan, septembre 1905.

ALBERT LUMBROSO.

(1) Voir *Napoleone era egli credente?* (l'un des chapitres du volume *Attraverso la Rivoluzione e l'Impero* par ALBERT LUMBROSO, Turin, 1907, Bocca éd., « Piccola Biblioteca di Scienze moderne », 1 vol. in-18).

(2) Mots de Napoléon: THIERS, *Sainte-Hélène*, Livre LXII: 1818, éd. 1864, p. 893 et p. 905. — La dernière phrase (« religion nationale des Français et des Italiens ») fut adressée à la fin de 1819 au jeune Antommarchi qui s'était permis quelques propos qui déplurent à l'Empereur et que Napoléon réprima durement.

www.ingramcontent.com/pod-product-compliance
Ingram Content Group UK Ltd.
Pitfield, Milton Keynes, MK11 3LW, UK
UKHW021459090726
13657UKWH00003B/1425